Lutz Oberländer

Der Aufbruch in die Moderne

Die Siedlung „Neu-Jerusalem"
von Erwin Gutkind und Leberecht Migge

disserta
Verlag

Oberländer, Lutz: Der Aufbruch in die Moderne. Die Siedlung „Neu-Jerusalem" von Erwin Gutkind und Leberecht Migge, Hamburg, disserta Verlag, 2016

Buch-ISBN: 978-3-95935-332-8
PDF-eBook-ISBN: 978-3-95935-333-5
Druck/Herstellung: disserta Verlag, Hamburg, 2016
Covergestaltung: © Annelie Lamers

Bibliografische Information der Deutschen Nationalbibliothek:
Die Deutsche Nationalbibliothek verzeichnet diese Publikation in der Deutschen
Nationalbibliografie; detaillierte bibliografische Daten sind im Internet über
http://dnb.d-nb.de abrufbar.

© disserta Verlag, Imprint der Diplomica Verlag GmbH
Hermannstal 119k, 22119 Hamburg
http://www.disserta-verlag.de, Hamburg 2016
Printed in Germany

Inhaltsverzeichnis

Anlagenverzeichnis

1 Einleitung

Der Denkmalpfleger für den Bezirk Spandau von Berlin, Herr Dr. Nellessen, machte mich auf die Siedlung „Neu-Jerusalem" [1] aufmerksam und bat mich darüber zu schreiben. Zu diesem Zeitpunkt war mir nicht klar, dass bislang weder eine Erforschung der Siedlung erfolgte, noch das Leben des Architekten Erwin Gutkind bis 1925 hinreichend bekannt war.

Für diese Arbeit bediente ich mich der Herangehensweise Gutkinds: "Its scope does not permit of an exhaustive treatment of this interplay between causes and effects. But so far as possible I have tried to explain not only the visible facts but also the reasons for their origin; not only the "What" but also the "Why"." (Gutkind E. A., 1946, S. 1) Für mich stand nicht nur das bloße Darstellen von Fakten im Blickpunkt („was" passiert ist), sondern auch immer die Wirkungszusammenhänge, also die Frage nach dem „Warum"? – ohne dabei den Anspruch auf Vollständigkeit zu erheben.

Allein die Kenntnis von der Geschichte und der Bedeutung der Siedlung erlauben eine adäquate Würdigung unseres kulturellen Erbes. Auf der Grundlage der geschichtlichen, wissenschaftlichen, kulturellen und städtebaulichen Bedeutung der Siedlung können Leitlinien entwickelt werden den ursprünglichen Charakter der Siedlung auch für künftige Generationen erlebbar zu machen, ohne den Wohnwert der Häuser für heutige Ansprüche entscheidend zu beeinträchtigen.

Am äußersten westlichen Rand des erst wenige Jahre alten Großberlins ist 1923 eine kleine unscheinbare Siedlung [2] erbaut worden, die aufgrund ihrer damals fortschrittlichen Bauweise heute Teil der Architekturgeschichte Berlins ist. Ihre Lage machte sie nach 1945 zum Spielball der Weltmächte. Allein der Name der Siedlung „Neu-Jerusalem" der im Berlin-Brandenburger-Raum so befremdlich klingt, ist ebenso Spiegel der deutschen Geschichte wie das Schicksal ihres Architekten.

Bereits zehn Jahre nach ihrer Erbauung sind die Siedlung und ihr Architekt fast völlig in Vergessenheit geraten. Erst 60 Jahre später, nach der Wiedervereinigung der beiden deutschen Staaten, kehrte sie ins Interesse der Öffentlichkeit zurück. Heute, 90 Jahre nach ihrer Erbauung, ist die Siedlung an einem Punkt, der darüber entscheidet, ob ein

---

[1] Es wird die Schreibweise in Anführungszeichen und mit Bindestrich analog dem Eintrag in die Denkmalliste verwendet.

[2] Als ‚Siedlung' wird im Rahmen der Studie eine organisatorisch planmäßige, nach einem einheitlichen Entwurf geschaffene Wohnbebauung verstanden. Dieser Siedlungsbau ist durch eine fortschrittliche und sozialorientierte Städtebau- und Architekturauffassung geprägt. Heute zeichnen sich diese Siedlungen durch ihre historisch-städtebaulichen sowie künstlerisch-wissenschaftlichen Bedeutung aus. (Graubner & Töpfer, 2004, S. 3)

bedeutendes kulturhistorisches Erbe in seinem Charakter erhalten bleibt, oder ob es dem Veränderungsdruck endgültig weichen muss.

In der vorliegenden Arbeit wird das Leben des Architekten Erwin Gutkind vorrangig bis zur Fertigstellung der Siedlung um 1925 betrachtet. Auf das Wirken des Gartenarchitekten Leberecht Migge wird nur im Hinblick auf seine Beziehung zum Architekten Erwin Gutkind eingegangen, da sein Leben und Werdegang besser erforscht sind und seine Planungen letztlich nicht umgesetzt wurden. (Baumann, 2002, S. passim) Von der Siedlung werden nur die 21 Doppelhäuser beschrieben. Das in Fertigteilbauweise erstellte Haus am Rande der Siedlung unterscheidet sich im Grundriss, in der Bauausführung und im äußeren Erscheinungsbild grundlegend von den anderen Siedlungsbauten und wird daher nicht eingehend behandelt.[3] (Hierl, 1992, S. 38)

Die Erstellung der Studie wäre ohne die Unterstützung Dritter nicht möglich gewesen. Insbesondere danke ich Professor Stephen Grabow (University of Kansas/USA) und Frau Veronika Berg (Bewohnerin des Fertigteilhauses). Stephen Garbow überließ mir alle seine (auch unpublizierten) Forschungsergebnisse sowie den Briefwechsel mit Frau Gabriela Gutkind, der Tochter des Architekten, im Original. Er wies mich auf viele Details zum Leben Gutkinds hin und half mir sehr mit seinen Fragestellungen zu meiner Arbeit. Frau Berg stellte mir Briefe mit Erinnerungen ehemaliger Bewohner der Siedlung aus den 1920er Jahren, Fotos aus dieser Zeit sowie zahlreiche Zeitungsartikel zur Durchsicht zur Verfügung. Überdies war ihr gutes Gedächtnis, auch für Details, stets eine gute Hilfe beim Verifizieren von Informationen. Dankbar bin ich auch für die schriftlichen und mündlichen Mitteilungen von:

Dr. Martin Baumann (Landesamt für Denkmalpflege und Archäologie, Erfurt)
Professor Piergiacomo Bucciarelli (Università "Gabriele D'Annunzio, Chieti/Italien)
Christina Czymay (Landesdenkmalamt Berlin)
Jürgen Kaulfuß (Bauarchiv der Akademie der Künste – AdK)
Dr. Dieter Nellessen (Untere Denkmalschutzbehörde Berlin-Spandau)
Dr. Haila Ochs (Landesdenkmalamt Berlin),

sowie die Unterstützung der Mitarbeiterinnen und Mitarbeiter von Archiven, Bibliotheken und Sammlungen (Landesarchiv Berlin, Geheimes Staatsarchiv Berlin, Archiv des Stadtgeschichtlichen Museums Spandau, Heimatkundliche Vereinigung Spandau 1954 e. V., Bundesarchiv, Staatsbibliothek Berlin, Bauhausarchiv).

---

[3]   Das in der äußersten Südwestecke der Siedlung befindliche Haus muss in jeder Hinsicht separat betrachtet werden und eine Erforschung des Baues und dessen Geschichte stehen noch aus.

2   Forschungsstand und Quellenlage

„Daß die zwanziger Jahre für die moderne Architektur eine wichtige und in vielerlei Hinsicht prägende Periode gewesen sind, steht außer Zweifel. Umso erstaunlicher ist, wie wenig wir von dieser Zeit im Grunde wissen. Bei näherem Zusehen kann auch die Fülle des Geschriebenen nicht verbergen, daß vieles nur Wiederholung ist, weil immer wieder dieselben Bauten unter denselben Gesichtspunkten und mit denselben Ergebnissen besprochen werden." (Huse, 1975, S. 7) Diese allgemeine Aussage lässt sich ohne Abstriche auch auf das vorliegende Thema übertragen.

Obgleich die Siedlung "Neu-Jerusalem" kaum 90 Jahre alt ist, stellt sich die Quellenlage bereits heute als schwierig heraus. Allein anhand der Quellenlage zu dieser Siedlung und dessen Architekten lassen sich die Auswirkungen des Nationalsozialismus auf die deutsche Kulturlandschaft mit allen seinen Folgeerscheinungen wie der Juden-verfolgung, dem Zweiten Weltkrieg und der Teilung Deutschlands bis hin zur Wiedervereinigung nachvollziehen.

Der Architekt der Siedlung Erwin Gutkind (Abb. 1) war Jude. Nach der „Macht-ergreifung" der Nationalsozialisten im Januar 1933 war zwar kein Bauvorhaben Gutkinds gescheitert, aber auch kein Neues hinzugekommen. Ende des Jahres versucht er vergeblich im Ausland Arbeit zu bekommen. (Vonderach, 2009, S. 46) Vermutlich im Herbst 1935 wandert er schließlich nach Großbritannien aus. [4] (Vonderach, 2009, S. 54) Seiner Sekretärin Fr. Frankel gibt Gutkind wenige Tage vor seiner Abreise aus Deutschland den Auftrag sämtliche Unterlagen zu vernichten. [5] (Hierl, 1992, S. 12, Fn. 1) Im Dezember 1935 wird seine Wohnung in Berlin aufgelöst und die Möbel werden in dem Haus der Eltern seiner Freundin Anneliese Bulling in Oldenburg eingelagert. [6] (Vonderach, 2009, S. 58)

Als Erwin Gutkind 1968 mit dem Berliner Architekturpreis ausgezeichnet werden sollte, stellte man fest, dass bislang keine Biographie zu seinem Leben existierte. Weder Julius Posener, der auch im Preisgericht saß und Gutkind für den Preis vorgeschlagen hatte, noch Hans Scharoun, bei dem man sich auch erkundigte, ob er etwas zum Lebenslauf Gutkinds beitragen konnte, konnten mehr als das persönlich Erlebte

---

[4]   Bisher ging man noch davon aus, dass Gutkind, um der Verfolgung durch die Nationalsozialisten zu entgehen, bereits 1933 nach Großbritannien emigrierte und dabei alle Unterlagen zurückließ. (Hierl, 1992, S. 12, 32)

[5]   Die mündliche Information stammt von Frau Bulling-Gutkind an Rudolf Hierl. Ob damit die Ausreise 1933 oder die Auswanderung 1935 gemeint ist, lässt sich nicht klären.
Es können dabei jedoch nicht alle Unterlagen vernichtet worden sein, da sich aus dem Nachlass Gutkinds, der sich in der Libary of Fine Arts at the University of Pennsylvania befindet, zahlreiche Zeitungsartikel und Fotos im Original mit dem Fotografenstempel auf der Rückseite befinden.

[6]   Ob sich darunter auch verbliebene Unterlagen waren ist nicht bekannt, aber durchaus möglich.

beisteuern.[7] So beklagte Posener anlässlich der Verleihung des Berliner Kunstpreises an Gutkind 1968 auch öffentlich, dass man Gutkind in den „dicken Wälzern [...], in denen man die Namen der wenigst ewigen Künstler" nicht findet. (Posener, 1968, S. 406 f.)

Die erste Biographie über Gutkind schrieb 1975 Stephen Grabow (Grabow, 1975). Dabei befasste er sich vor allem mit der Zeit Gutkinds im Exil in Großbritannien und in den USA. Er stützte sich bei vielen Detailinformationen für die Zeit vor 1935 allein auf die Erinnerungen von Gutkinds Tochter Gabriele Gutkind.[8] Darüber hinaus blieb das Leben von Gutkind lange weiter unerforscht. Noch Anfang der 1980er Jahre stellte man überrascht fest, dass Gutkind in den einschlägigen Nachschlagewerken lediglich als „englischer Schriftsteller, Stadtplaner und Historiker" verzeichnet ist (Scolari, 1982, S. 38), was sich u. a. durch den Schwerpunkt der einzigen existierenden Biografie von Grabow erklärt. Erst die Dissertation von Rudolf Hierl von 1989 „Erwin Anton Gutkind – "Neues Bauen" im Berlin der Weimarer Republik" entriss sowohl den Architekten als auch seine Bauten der Vergessenheit. Rudolf Hierl ergänzte viele Details der Zeit bis 1935 aus der zeitgenössischen Fachliteratur.[9] Dabei steht auch erstmals die Schaffens-periode Gutkinds als Architekt von 1923 bis 1933 im Fokus. Hierl stützt sich dabei im Wesentlichen auf die Erinnerungen der zweiten Ehefrau Gutkinds, Frau Anneliese Bulling-Gutkind. (Hierl, 1992, S. 12 ff.) Zu ihren Erinnerungen bemerkt Hierl: „Obwohl auf den Erinnerungen eine sechzigjährige Patina liegt und sie durchaus subjektiven Charakter haben, runden sie doch das Bild von der Persönlichkeit des Architekten ab."[10] (Hierl, 1992, S. 12) Heute ließe sich dieses Wissen noch weiter ergänzen. Ihr Nachlass von mehr als 4.000 Briefen befindet sich seit 1984 im Stadtmuseum von Oldenburg. Im Hinblick auf den Lebenslauf von Anneliese Bulling-Gutkind zwischen 1928 und 1947 wurde der Nachlass zu einem kleinen Teil veröffentlicht.[11] (Vonderach, 2009) Doch auch die persönlichen Erinnerungen von Frau Bullig-Gutkind reichen lediglich bis 1928 zurück.[12] Die Lücken in Gutkinds Lebenslauf in der Zeit davor wurden – soweit möglich –

---

[7]   AdK W 474.

[8]   "The author is extremely grateful to Gabriele Gutkind for supplying most of the biographic material contained in part I. Without her cooperation many of the facts of surrounding Gutkind´s life, especially in the early years, might never have come to light." (Grabow, 1975, S. 210)

[9]   Die Dissertation wurde fast wortgleich unter dem Titel „Erwin Gutkind 1886-1968, Architektur als Stadtraumkunst" veröffentlicht. In der Monographie behandelt Hierl Gutkinds architektonisches Werk bis 1933. (Hierl, 1992)

[10]   Die Angaben konnten in vielen Fällen durch andere Quellen als richtig bestätigt werden.

[11]   Eine Auswertung mit dem Schwerpunkt des Lebens und Werkes von Erwin Gutkind steht noch aus, ist aber im Rahmen dieser Arbeit aufgrund des großen Umfangs nicht zu leisten.

[12]   Der Kunsthistoriker und Publizist Walter Müller-Wulckow war ein Bekannter der Familie Bulling und über ihn lernte Gutkind im Februar 1928 seine spätere zweite Ehefrau Anneliese Bulling kennen. (Hierl, 1992, S. 14) (Vonderach, 2009, S. 18) Anneliese Bulling machte im Frühjahr 1928 in den Semesterferien ein Praktikum am Landesmuseum für Kunst- und Kulturgeschichte, dessen Leiter, Walter Müller-Wulckow war. (Vonderach, 2009, S. 16)

durch Archiv-Recherche, die von den bisherigen Biographen nicht durchgeführt wurde, geschlossen.

So schwierig die Quellenlage zum Leben des Architekten ist, verhält es sich auch zu seinen Bauten. Die Erwartung, im Bauarchiv des Bezirks Spandau von Berlin Unterlagen zu finden, erfüllte sich nicht. Das in einem Seitenflügel des Rathauses untergebrachte Bauarchiv wurde 1943 durch einen Bombenangriff total zerstört. Dadurch sind auch alle Bauakten aus der Zeit vor dem Zweiten Weltkrieg vernichtet worden. (Baumann, 2002, S. 19)[13] Der Bauherr, die Deutsche Gartenstadtgesellschaft (DGG), wurde 1949 durch den Magistrat von Groß-Berlin aufgelöst und die Siedlung in Volkseigentum übernommen. Die Verwaltung der Siedlung wurde 1950 der Heimstätte Berlin übertragen. Seitdem sind die Aktenbestände der DGG verschollen.[14]

Der größte geschlossene Bestand zu Erwin Gutkind und seinem Werk befindet sich im Bauarchiv der AdK in Berlin. Der Bestand beinhaltet zahlreiche Kopien von Zeitungsartikeln (vornehmlich der 1920er Jahre und vereinzelt auch späterer Provenienz) und Fotos von Gutkinds Bauten sowie einigen Publikationen. Der Bestand „Nachlass Gutkind" wurde dem Bauarchiv von Gabriele Gutkind überlassen. Weitere Gutkind-Nachlässe befinden sich im Leo-Baeck-Institute in New York, in der Van-Pelt-Library der University of Pennsylvania und in der Library of Fine Arts at the University of Pennsylvania, (Hierl, 1992, S. 210) konnten jedoch im Rahmen der Arbeit nicht eingesehen werden. Im Leo-Baeck Institut befindet sich eine Chronik der Familie Gutkind. Der Archivbestand in der Van-Pelt-Library der University of Pennsylvania deckt den Zeitraum von Gutkind im Exil ab. Der Bestand der Library of Fine Arts at the University of Pennsylvania (Erwin Anton Gutkind Collection) steht im Internet zur Verfügung und konnte daher mit dem Bestand im Bauarchiv der AdK verglichen werden. Die Bestände erwiesen sich als identisch.[15]

Dem Nachlass des Gartenplaners Leberecht Migge erging es ähnlich wie dem von Erwin Gutkind. Von Migges Büro bzw. von ihm selbst gibt es keinen planerischen Nachlass. Sein Berliner Büro wurde 1933 von den Nationalsozialisten geschlossen und die Unterlagen müssen als Verlust angesehen werden. (Baumann, 2002, S. 16) Lediglich ein Teil der Büroakten wurde von Migges Freund und Teilhaber an der

---

[13]   Bestätigt durch mündliche Auskünfte von Herrn Dr. Nellessen (Leiter der Unteren Denkmalschutzbehörde Spandau) und Herrn Metz (Leiter des Archivs des Stadtgeschichtlichen Museums Spandau).

[14]   Im Brandenburgischen Landeshauptarchiv finden sich keine Dokumente über die Verwaltung der Siedlung.

[15]   Über die Fragen „zu welchem Anlass?" oder „unter welchen Umständen?" der Nachlass ins Bauarchiv der Akademie der Künste gelangt ist, konnten von Seiten des Bauarchivs keine Dokumente zugänglich gemacht werden. (Mündliche Mitteilung von Herrn Kaulfuß vom Bauarchiv der AdK)

Siedlerschule Worpswede, Max Schemmel, mit nach Breslau genommen, doch ging der gesamte planerische Nachlass 1945 durch dessen Flucht verloren. Der persönliche Nachlass wurde nach seinem Tode 1935 von der Familie vernichtet. (Hubenthal, 2004, S. 9) Noch erhaltenes Originalmaterial von und über Leberecht Migge wurde 1981 von der Fachhochschule Kassel im Rahmen der „Ausstellung Leberecht Migge, Gartenkultur des 20. Jahrhunderts" veröffentlicht. (Kassel, 1981, S. 7) (Baumann, 2002, S. 16 f.) Es wäre naheliegend, dass Teile von Migges Unterlagen im Archiv in der Siedlerschule in Worpswede erhalten geblieben sein könnten. Doch „auch das Worpsweder Archiv der Barkenhoff-Stiftung, in dem u.a. der Nachlaß Vogelers verwahrt wird, verfügt [...] über keine Unterlagen zu Migge." (Baumann, 2002, S. 17)

Die insgesamt schwierige Aktenlage durch das Fehlen von Archivmaterial wird sowohl von Hierl in seiner Biografie über Gutkind (Hierl, 1992, S. 32) als auch von Baumann in seiner Biografie über Migge (Baumann, 2002, S. 17) bestätigt. Aufgrund der fehlenden Akten bleiben als Primärquellen in erster Linie zeitgenössische Veröffentlichungen in Fachzeitschriften und Büchern. Gutkind selbst schreibt in zwei Aufsätzen in der „Baukunst" 1925 und 1926 wenige Zeilen zu seinen Bauten und fügt einen Grundriss sowie zwei Abbildungen bei. (Gutkind E. A., 1925, S. 1 ff.) (Gutkind E. A., 1926, S. 7 ff.)[16] Darüber hinaus werden die Bauten der Siedlung nur in zwei zeitgenössischen Publikationen abgebildet ohne, dass eine detaillierte Beschreibung der Siedlung oder auch nur der Bauten erfolgt.[17]

Mit dem Beginn der nationalsozialistischen Herrschaft verschwanden unter dem Druck des Berufsverbots für jüdische Architekten und der Emigration der führenden Architekten des Neuen Bauens die Protagonisten der Moderne aus dem öffentlichen Leben. Als Folge tauchten deren Werke auch nicht mehr in der deutschen Fachliteratur auf. In der Literatur des Nationalsozialismus wurden die Bauten der Moderne allenfalls als „abschreckende Beispiele" für den „undeutschen Geist" aufgeführt. (Vincentz, 1935)

In den Nachkriegsjahren wurde ebenfalls selektiv über die Bauten der Moderne berichtet. „Bis auf seltene Ausnahmen basierte in den fünfziger und sechziger Jahren die architekturgeschichtliche Literatur über das Neue Bauen auf dem zeitgenössischen

---

[16]   Beide Artikel in der „Bauwelt" 1925 bzw. 1926 sind ohne Angabe eines Verfassers veröffentlicht worden. Doch die Angaben in den Artikeln zeigen, dass der Autor mit dem Bauwerk und den Intentionen des Architekten sehr vertraut war. Daher kann man davon ausgehen, dass Erwin Gutkind selbst Autor – oder zumindest Initiator – der Artikel war. Später setzte Gutkind zielgerichtet Zeitungsartikel zur Propagierung seiner Projekte ein, die er dann unter eigenem Namen veröffentlichte. Diese Praxis der Vermarktung eigener Bauten tifft auch auf andere Architekten zu. „Autoren in den Zeitschriften waren häufig die Künstler selbst, ihre Texte waren unmittelbare, ungefilterte Äußerungen dessen, was sie wollten und was sie bewegte. Damit werden die Beiträge zu wichtigen Quellen der Kunst- und Architekturgeschichte". (Ochs, 1991, S. 8)
[17]   (Müller-Wulckow, 1928, S. 58) (Wattjes, 1927, S. 109).

Parteienstreit, in dem Progressive und Konservative jeweils für sich in Anspruch nahmen, den Erfordernissen der Zeit den einzig wahren baulichen Ausdruck zu geben. Der Sieg des ‚Funktionalismus' seit den späten fünfziger Jahren führte dazu, dass die Geschichte der Architektur in den zwanziger Jahren zu einer Geschichte der progressiven Architektur reduziert wurde. Beachtung fanden nur Bauten, die als Vorstufe gegenwärtig gültiger ästhetischer Maximen interpretiert werden konnten. Diese Verengung des Blickfeldes allein auf die Avantgarde verfälscht nicht nur das Gesamtbild von der Architektur der zwanziger Jahre, sondern verzerrt auch die Leistung der ‚Modernisten'." (Grunsky, 1987, S. 84)

Zu den „Modernisten", die nicht mehr genannt wurden, gehörten auch Gutkind und seine Bauten. Alle folgenden Publikationen über die Gutkindbauten, die bis 1992 erschienen sind, wiederholen im Wesentlichen das bereits Bekannte, verändern dabei aber die Grundaussagen des Architekten. Es ist somit nicht erstaunlich, dass die Bauten in Staaken erst 1971 wieder in der Literatur Erwähnung finden. Selbst die Literatur über Spandau bzw. Staaken erwähnt die Siedlung – wenn überhaupt – nur mit einem Bild[18] oder einem Nebensatz[19]. Erst Hierl in seiner Biografie zu Gutkind, (Hierl, 1992, S. 32-41) und später Güttler, in seiner Abhandlung über die Berliner Reihenhäuser, (Güttler, 2002, S. 143 ff.) haben über das Bekannte hinaus die Bauten interpretiert und in den zeitgemäßen Kontext integriert.

Über die Gartengestaltung der Siedlung „Neu-Jerusalem" veröffentlichte Migge seine Entwürfe bereits 1924-26. (Migge L. , 1924, S. 427) (Migge L. , 1925, S. 77 f.) (Migge L. , 1926, S. 76 ff.) Später wurde die Gartengestaltung in der Literatur nicht weiter erwähnt, [20] bis Baumann 2002 eine kunst- und baugeschichtliche Einordnung der Planungen Migges für „Neu-Jerusalem" vornahm. (Baumann, 2002, S. 222 ff)

Nur wenige zeitgenössische Fotografien sind bis heute erhalten. Einige befinden sich in den Archiven und Sammlungen. [21] Einzelne dieser Abbildungen wiederholen sich in unterschiedlicher Häufigkeit in der Literatur (Anlage 1)[22], in denen die Siedlung, bzw.

---

[18]   (Klünner, 1978, S. 58) (Grothe, 1982, S. 74) (1954, 2002, S. 95).

[19]   (Grothe, 1973, S. 25 f) (Jahn, 1971, S. 297 f)19. (Mühl, 2012, S. 35 f.) Bei dieser Veröffentlichung handelt es sich um den gleichen Text, der bei Hierl als Chronik des Ortes Staaken auftaucht. (Hierl, 1992, S. 31 Fn. 30).

[20]   Anlässlich der. Bundesgartenschau Kassel, 1981, wurde ein Ausstellungskatalog zur Ausstellung "Leberecht Migge - Gartenkultur des 20. Jahrhunderts" verfasst, in dem die Siedlung zumindest Erwähnung findet. (Kassel, 1981)

[21]   Archiv des Stadtgeschichtlichen Museums Spandau, Landesarchiv Berlin, Heimatkundliche Vereinigung Spandau 1954 e.V., Fotoarchiv der Universität Marburg, AdK Berlin, Landesdenkmalamt Berlin.

[22]   Anlage 1: Verzeichnis der Abbildungen der Siedlung in Publikationen, Archiven und Sammlungen.

ihre Bauten erwähnt werden. Zwei davon sind von Gutkind selbst veröffentlicht worden. (Gutkind E. A., 1926, S. 8)[23] (Müller-Wulckow, 1928, S. 58)

Die Abbildungen lassen sich grob in drei Zeitabschnitte einteilen:

1924 – 1929:   Vom Bau bis zum Verputzen der Sichtziegelflächen

8 Fotos (davon 2 von Gutkind veröffentlicht und 6 im Bestand des Marburg-Archivs) sowie eine Ansichtskarte

1930 – 1939:   Vom Verputzen der Sichtziegelflächen bis zum Beginn des Zweiten Weltkriegs

7 Fotos (davon 3 im Bestand des Marburg-Archivs, 2 Luftaufnahmen der heimatkundlichen Vereinigung Spandau 1854 e.V., ein Privatfoto) und 3 Ansichtskarten

Seit 1959:   3 Fotos im Bestand des Marburg-Archivs

Drei Bilder von 1937 und ein Bild von 1924 aus dem Bestand des Landesarchivs Berlin sollen von Otto Hagemann stammen.[24] Die meisten zeitgenössischen Fotos, die von den Gutkindbauten veröffentlicht wurden, stammen von dem Architekturfotografen Willy Scholz.[25] Ein Foto einer Ansichtskarte stammt von O. Streich, Hoffotograf. Die Fotografen der anderen Bilder sind nicht bekannt.

Von den Entwürfen für die geplanten Gartenanlagen sind durch Migge in den Jahren 1924-1926 vier in seinen Eigenpublikationen veröffentlicht worden. (Migge L. , 1924 ff.) (Migge L. , 1926, S. 76 ff.) Mehr Abbildungen dazu sind nicht bekannt.

Da auf Archivunterlagen nicht zurückgegriffen werden kann, bekommen zeitgenössische Abbildungen sowie Entwurfsskizzen in zeitgenössischen Veröffentlichungen bei

---

[23]   Von der Gartenansicht des Doppelhauses existiert nur eine Abbildung. Diese ist bereits retuschiert worden. Auf dem Dach wurden die Dachluken ergänzt, die sonst so nicht sichtbar gewesen wären. Später wurde der in dieser Aufnahme noch erkennbare Zaun durch Müller-Wulckow wegretuschiert. (Abb. 3 und 4) Dies ist durch helle Streifen an den Stellen, wo sich einst der Zaun befand, noch immer erkennbar. Je nach Quelle tauchen in späteren Veröffentlichungen Abbildungen mit bzw. ohne Zaun auf. Einen Einblick in die Vielfältigkeit und den Umfang von Fotoretuschen im Verlag von Walter Müller-Wulckow bieten: (Wesp, 1999, S. 13 ff) (Köster, 1999, S. 59 ff)

[24]   Otto Hagemann wurde im Jahr 1884 geboren. Der Stadtbildfotograf leitete einen Bildverlag in Friedenau. Er veröffentlichte zahlreiche Bildbände mit seinen Fotografien der Reichshauptstadt Berlin. Nach Ende des Zweiten Weltkrieges fotografierte Hagemann häufig im Auftrage der Senatsbauverwaltung und dokumentierte den Wiederaufbau der Stadt. Otto Hagemann hat der Landesbildstelle in den 1960er und 1970er Jahren Negative und Vergrößerungen seiner Fotos verkauft.

[25]   Information von Herrn Kaulfuß vom Bauhistorischen Archiv der AdK Berlin. Die Information stammt aus einem Aktenvermerk, der angibt, dass Gabriele Gutkind dies gegenüber einem damaligen Mitarbeiter (Herr Wendschuh) so angegeben hat. Auf der Rückseite tragen die Originalfotos den Fotografenstempel. Über den Fotografen konnten keine weiteren Informationen gefunden werden. (Gutkind E. A., Wohnhausblock Berlin-Lichtenberg, 1929, S. 48)
Über den Fotografen liegen keine weiteren Informationen vor.

der Beschreibung des ursprünglichen Zustands und den Veränderungen in den Folgejahren einen besonders hohen dokumentarischen Stellenwert.

Der neuzeitliche Zustand der Siedlung wurde durch zwei Untersuchungen dokumentiert. Eine Erhebung aus dem Jahr 2000, die auf Anregung der Unteren Denkmalschutzbehörde Spandaus durchgeführt wurde, gibt Auskunft über den seinerzeitigen Zustand der Siedlung (Katamon G.m.b.H., 2000), ohne dass die Ergebnisse zusammengefasst und bewertet wurden.[26] Ergänzend wurde 2008 eine „Restauratorische Befunderhebung zu historischen Gestaltungen der Fassaden und Treppenhäuser", durch den seinerzeitigen Eigentümer in Auftrag gegeben. Diese Befunderhebung lässt Rückschlüsse auf die ursprüngliche Gestaltung, die Farbfassung und die Veränderungen in den ersten Jahren nach der Fertigstellung der Siedlung zu (Teufel, 2008)

Zusammenfassend lässt sich feststellen, dass keine geschlossenen Archivbestände mehr vorhanden sind. Die Siedlung wurde nie als solche beschrieben, sondern die Bauten immer nur separat dargestellt. Die zeitgenössischen wie auch die aktuellen Publikationen geben wenig Auskunft über die Bauten. Historische Abbildungen gibt es in geringer Zahl und diese sind zumeist nicht datiert oder beschrieben. Als substantielle Quellen für eine Bearbeitung sind neben den Veröffentlichungen von Gutkind (Gutkind E. A., 1925) (Gutkind E. A., 1926) nur die beiden Biographien und Werkverzeichnisse über Gutkind (Hierl, 1992, S. passim) und Migge (Baumann, 2002, S. passim) sowie das Werk über die Berliner Reihenhäuser (Güttler, 2002) geeignet. Ergänzend wurden Archive genutzt, deren Bestände zur Tätigkeit Gutkinds Bezug haben (z. B. Bauhausarchiv, Archiv des Stadtgeschichtlichen Museums Spandau, Brandenburgisches Landeshauptarchiv Bundesarchiv).

Die Qualität der Quellen lässt in keinem Fall ein ungeprüftes Übernehmen der dargestellten Fakten zu. Literatur, die sich auf persönliche Erinnerungen stützt unterliegt zwangsläufig einer Subjektivität in der Wahrnehmung der Zeitzeugen und demnach auch der Wiedergabe des Erlebten. Da die Erkenntnisse zu Gutkinds Karriere in der Verwaltung bislang fast ausschließlich auf Erinnerungen von Zeitzeugen aufbauten, machen sich hier besonders die Abweichungen zur Aktenlage bemerkbar. Doch auch die Akten der Behörden weisen Widersprüche oder Fehler auf.[27] Zum Teil sind auch fehlende Angaben durch die Archive falsch recherchiert worden (Das Memorandum

---

[26] Bei der Katamon G.m.b.H. handelte es sich um eine gemeinnützige Firma, die Langzeitarbeitslose für diese Projekte einsetzte. Daher kann diese Erhebung nur als Bestandaufnahme verstanden werden, ohne jeden fachlichen Anspruch. (Brief an Frau Berg vom 30. Juni 2000)

[27] So wird z. B. der Diensteintritt von Gutkind im Kriegsministerium mal mit Mai, dann mit Juli 1917 angegeben; selbst das Geburtsjahr wird mit 1885 bzw. 1886 angegeben.

Gutkinds zu den Gartenstädten wird auf 192? datiert, stammt aber mit Sicherheit aus der Zeit 1914/15). Insgesamt ist dies kein ungewöhnliches Bild, doch gibt dies Anlass, alle Angaben – auch die der Archivakten – soweit möglich zu verifizieren.

3 Erwin Gutkind

3.1 Der Architekt Erwin Gutkind

Geboren wird Erwin Gutkind 1886 in Berlin.[28] Über sein Leben, das Studium und die berufliche Tätigkeit in den Jahren bis 1925 gibt es nur wenige Informationen. Seinem Geburtsjahrgang zufolge müsste Gutkind 1904/1905 seinen Militärdienst abgeleistet haben, wenn er nicht aufgrund seines Studiums freigestellt worden war.[29] Am 5. Oktober 1905 schrieb er sich an der Technischen Hochschule in Charlottenburg bei Berlin ein (Matrikelnummer 17099)[30]. Er belegte die Fächer Architektur, Stadtplanung, Soziologie und Kunstgeschichte bei Heinrich Wölfflin.[31] Das Studium schloss er am 17. Dezember 1909 mit einer Diplomprüfung erfolgreich ab. (Hierl, 1992, S. 14) Im Anschluss daran arbeitete er an seiner Dissertation „Raum und Materie, ein Bau-geschichtlicher Darstellungsversuch der Raumentwicklung", die er am 30. Januar 1913 seinen Professoren Klingholz[32] und Schulz vorlegte und die zu seiner Promotion am 12. März 1914 führte. (Hierl, 1992, S. 18) Seine Dissertation veröffentlichte er 1915 unter dem gleichen Titel.

In einschlägigen Biographien ist angegeben, dass Gutkind im Anschluss daran die Beamtenlaufbahn eingeschlagen hatte, ohne dass Weiteres bekannt ist. (Hierl, 1992, S. 14, 19) (Grabow, 1975, S. 200) Belegen lässt sich, dass Gutkind seit dem 1. Juli 1917 als Angestellter – nicht als Beamter – im Kriegsministerium angestellt war.[33] [34] (Anlage 2)[35] In der zweiten Jahreshälfte 1917 richtete er gemeinsam mit dem Architekten Albert Gessener in mehreren Lazaretten in Berlin kunstgewerbliche Werkstätten ein und erfüllte auf diese Weise seine „patriotische Pflicht". (Kromrei, 2012, S. 42) Das Kriegs-ministerium wurde durch die Niederlage Deutschlands im Ersten Weltkrieg Ende 1918 aufgelöst und ging in das Reichsministerium für die wirtschaftliche Demobilisierung[36]

---

[28] Die Personalakte von Erwin Gutkind (BArchR 3901/100308 Personalakte Gutkind) gibt 1885 als Geburtsjahr an, was falsch ist. Die Personalakte enthält mehrfach fehlerhafte Eintragungen.

[29] Ein Militärdienst lässt sich nicht nachweisen.

[30] Seit 1946 Technische Universität Berlin.

[31] Heinrich Wölfflin (* 21. Juni 1864 in Winterthur; † 19. Juli 1945 in Zürich), Schweizer Kunsthistoriker.

[32] Friedrich Klingholz, (* 21. Oktober 1861 in Barmen; † 23. Januar 1921 in Berlin), war Architekt (speziell von Bahnhofs-Empfangsgebäuden), Baubeamter und Hochschullehrer.

[33] In der Personalnachweisung vom 03.03.1920 (BArchR 3901/100308 Personalakte Gutkind, Blatt 2) sind keine früheren Tätigkeiten vermerkt. Daher muss davon ausgegangen werden, dass Gutkind seine berufliche Laufbahn im Kriegsministerium begonnen hat.

[34] BArchR 3901/100308 Personalakte Gutkind Blatt 3 und 7. Auf Blatt 2 wird abweichend der 1. Mai 1917 angegeben, was aber ein Irrtum sein muss. Welche Aufgaben Gutkind im Ministerium hatte ist nicht bekannt.

[35] Anlage 2: Chronologie der Aufgaben und Tätigkeiten Gutkinds Tätigkeiten in den Behörden.

[36] In den Akten auch als „Reichministerium für Demobilmachung" oder „Demobilisierungsministerium" bezeichnet. (BArchR 3901/100308 Personalakte Gutkind) Tatsächlich handelt es sich nur um eine

auf. Das Referat III f in dem Gutkind beschäftigt war trat komplett in das neue Demobilisierungsministerium über. [37] Mindestens ab April 1919 wurde Gutkind als Vertreter des Demobilisierungsministerium als Planungsberater[38] für den Wiederaufbau in der Waffenstillstandskommission delegiert. (Hierl, 1992, S. 14)[3940]

Ende April 1919, also nach nur vier Monaten, wurde das Referat an das Reichs-kommissariat für das Wohnungswesen abgeschoben. (Hierl, 1992, S. 14) (Gutkind E. A., 1919a) Das Reichskommissariat für das Wohnungswesen war eine dem Reichsarbeitsministerium nachgeordnete Behörde. Wie eilig man es hatte die Mitarbeiter los zu werden ersieht man aus dem entsprechenden Aktenvermerk: „Auf Drängen [des Demobilisierungsministeriums] noch vor dem Abschluß der allgemeinen Uebernahmeverhandlungen, nämlich am 22. April 1919"[41] ist das Referat dem Reichskommissariat für das Wohnungswesen angegliedert worden.[42] Grundsätzlich sollte das Personal nunmehr beim Reichskommissariat belassen werden.[43] Auch noch nach der Übernahme ins Reicharbeitsministerium nahm Gutkind als Vertreter des Demobilisierungsministeriums an Sitzungen als Planungsberater teil.[44] Sein eigentliches Aufgabengebiet waren aber baugewerbliche Fragen und Baustoffe. Doch gleich nach

---

[37] Umbenennung des ehemaligen Kriegsministeriums, das nun für die Abwicklung der Armee und der Bearbeitung von Kriegsfolgen zuständig war.

[38] Das Referat bestand neben Gutkind als Referenten aus der wissenschaftlichen Mitarbeiterin Frau Dr. Schmidt und der Stenotypistin Frau Lövy (BArchR 3901/100308 Personalakte Gutkind Blatt 6, 7 und 9).

[39] Für die Sachverständigen in der Waffenstillstandskommission wurde eigens eine Geschäftsstelle für Friedensverhandlungen eingerichtet. Näheres zur Rolle der Sachverständigen und deren organisatorische Einbindung in die Friedensverhandlungen siehe: (Krüger, 1973, S. 80 ff).

[40] Dabei ging es um den (finanziellen) Anteil Deutschlands am Wiederaufbau der durch den Krieg zerstörten Teile Belgiens und Nordfrankreichs. Für die Verhandlungen mit den Entente-Mächten war die Waffenstillstandskommission unter Erzberger und das Reichsarbeitsministerium zuständig. In der Waffenstillstandskommission wurde ein gesondertes Referat „Wiederaufbau der zerstörten Gebiete Belgiens und Nordfrankreichs" eingerichtet. (Krüger, 1973, S. 172)

[41] BArch R 904 – 533: Verteiler der Nr. 1 der Mitteilungen des Referates „Wiederaufbau in den zerstörten Gebieten Belgiens und Nordfrankreichs" vom 7.4.19: Vertreter des Reichsministeriums für wirtschaftliche Demobilmachung Dr. Gutkind.

[42] BArch R 3901/100308 Personalakte Gutkind Blatt 8.

[43] Zum besseren Verständnis der Zusammenhänge wird an dieser Stelle kurz auf die Entwicklung der für den Berliner Wohnungsbau der 1920er Jahre entscheidenden Instanzen eingegangen:
Nachdem Preußen mit Erlass vom 17. Mai 1918, also bereits vor Kriegsende, auf Grund der durch die Auswirkungen des Ersten Weltkrieges verschärften Wohnungsfrage einen Staatskommissar für das Wohnungswesen ernannt hatte, war das Reich dem preußischen Beispiel gefolgt und hatte mit Bekanntmachung vom 31. August 1918 unter Führung des Reichswirtschaftsamtes einen „Reichskommissar für das Wohnungswesen" für die Zeit des Überganges der Kriegswirtschaft zur Friedenswirtschaft bestellt. Das Amt des Reichskommissars wurde aber bald mit dem Amt des preußischen Staatskommissars zusammengelegt. Mit Errichtung des Reichsarbeitsamtes durch Verordnung vom 4. Oktober 1918 wurden die Angelegenheiten des Siedlungs- und Wohnungswesens dieser neuen Reichsbehörde übertragen. (Klaus, 2006, S. 337)

[44] BArch R 3901/100308 Personalakte Gutkind Blatt 9.

[44] BArch R 904 – 532 „Protokoll über die Besprechung im Reichsarbeitsministerium mit Vertretern der Arbeitgeber und Arbeitnehmer betreffend Wideraufbau der zerstörten Gebiete Belgiens und Nordfrankreichs" am 2. Mai 1919:
- S. 2: Anwesenheitsliste, Dr. Gutkind, Referent Reichskom. f. d. wirtschaftl. Demob.
- S. 28 f. und 31 f. Stellungnahme an der Diskussion wo er die angemessene Unterbringung der am Wiederaufbau beteiligten deutschen Arbeiter in den zerstörten Gebieten Belgiens und Nordfrankreichs einfordert.

Aufnahme seiner Tätigkeit im neuen Wirkungsbereich wurde er Mitglied der „Sozialisierungskommission über die Neuregelung des Wohnungswesens". [45] [46] Zusätzlich wurde er 1919 noch als Vertreter des Reichswohlfahrtsministeriums in den Verwaltungsrat der Forschungsstelle für den wirtschaftlichen Baubetrieb delegiert.[47]

Begründet durch „Änderung der Organisation der Wohnungsfürsorge"[48] wurde ihm am 17. Dezember 1919 zum März 1920 gekündigt.[49] Am 1. April wurde er bis längstens Ende Dezember 1920 durch das neu gegründete preußische Ministerium für Volkswohlfahrt [50] übernommen. [51] Dort war er Dezernent für Siedlungswesen und Stadtplanung. (Hierl, 1992, S. 202) Auch nach Übernahme in ein anderes Ministerium blieb er weiter Mitglied der „Sozialisierungskommission über die Neuregelung des Wohnungswesens", der er dann vom 7. März bis zum 25. Mai 1921 sogar als ständiges Mitglied angehörte. (Sozialisierungs-Kommission, 1921) Demnach war er dort über den vertraglich vorgesehenen Zeitraum seiner Tätigkeit bis Ende 1920 hinaus beschäftigt. In der Kommission arbeitete er an den organisatorischen und finanziellen Voraus- setzungen für den Massenwohnungsbau mit. (Durth & Sigel, 2010, S. 207) (Hierl, 1992, S. 204) Die Tätigkeit in diesem Gremium brachte den Architekten mit den Kreisen in Verbindung, die später maßgeblich an der Verwirklichung der Siedlung „Neu- Jerusalem" mitwirkten. Wie lange er danach noch im Staatsdienst verblieb, ist nicht feststellbar.

---

[45]   „Bereits 1918 wurde von der Räterepublik eine „Sozialisierungskommission über die Neuregelung des Wohnungswesens" eingesetzt, die sich bald danach auflöst und sich in einer neuen Gruppierung fortsetzt. (Hierl, 1992, S. 204)

[46]   „Am 26. April 1920 trat … Sozialisierungskommission für das Baugewerbe zusammen. An der Sitzung nahmen neben Gutkind u. a. Fritz Beuster (Stadtbaurat Berlin), Karl Elkart (Stadtbaurat Spandau), Grüneisen (Demobilisierungsamt), Leyser (Märkische Heimstätte), Adolf Otto (DGG), Friedrich Paulsen (Architekt und Redakteur), Taut (Architekt), Martin Wagner (Stadtbaurat Schöneberg) an. (Ellinger, 1920, S. 102 f.) Zur Klärung von Fragen des Vorsitzenden der Kommission wurde eine Unterkommission gewählt, der wieder Gutkind als Vertreter des Reicharbeitsamtes angehörte, sowie Karl Elkart, Martin Wagner, Bruno Taut u. a.. (Ellinger, 1920, S. 104) Darüber hinaus waren dort später auch Hans Kampffmeyer (Sekretär der DGG), Rudolf Helferding (USPD Politiker und Wirtschaftstheoretiker), Walter Rathenau (DDP Politiker und späterer Außenminister) sowie Georg Haberland (Berliner Bauunternehmer) vertreten. (Durth & Sigel, 2010, S. 207)

[47]   Martin Wagner rief 1919 die „Forschungsgesellschaft für wirtschaftlichen Baubetrieb" ins Leben, die allerdings mangels finanzieller Beteiligung der Industrie am 25.05.1921 wieder aufgelöst wurde. Dokument: Vorschläge für den Verwaltungsrat der Forschungsgesellschaft für wirtschaftlichen Baubetrieb. (Bernhardt & Vonau, 2009) (Gutkind E. A., 1919a)

[48]   Mit der Errichtung der Abteilung für das Siedlungswesen und das Wohnungswesen im RMinArb wurde die Funktion des Reichskommissars für das Wohnungswesen zum 1. April 1920 aufgelöst und dessen Aufgaben in das RMinArb integriert. (Klaus, 2006, S. 337)

[49]   BArch R 3901/100308 Personalakte Gutkind Blatt 18.

[50]   Nach Hierl „Reichswohlfahrtsministerium", was begrifflich falsch ist. (Hierl, 1992, S. 14 Fn. 11). Das preußische Ministerium für Volkswohlfahrt wurde nach der Novemberrevolution 1919 gegründet. Seine Aufgaben waren die eines Sozialministeriums. Es fasste verschiedene bislang auf fünf Ministerien verteilte Aufgabenbereiche zusammen. Dazu gehörten die Abteilungen für Volksgesundheit, Jugendwohlfahrt, allgemeine Fürsorge und Wohnungs- und Siedlungswesen, in dem Gutkind tätig war.

[51]   BArch R 3901/100308 Personalakte Gutkind Blatt 21.

Im Juli 1921 bewarb er sich bei der Deputation für das Siedlungs- und Wohnungswesen um die Stelle eines Direktors für Städtebau, Siedlungs- und Wohnungswesen.[52][53] Diese Stelle wurde nicht mit ihm besetzt. Danach liegen keine weiteren Hinweise auf eine Beschäftigung im öffentlichen Dienst vor.[54] 1922 gab er sein zweites Buch heraus: „Vom städtebaulichen Problem der Einheitsgemeinde Berlin". Belegen lässt sich erst wieder, dass er ab 1924 ein eignes Architekturbüro führte. (Hierl, 1992, S. 14)

Sein Ausscheiden aus dem öffentlichen Dienst wird weniger seiner fachlichen Expertise geschuldet gewesen sein, als vielmehr seinem Charakter. Gutkinds dienstliches Betragen wurde von seinen Vorgesetzten wie folgt beschrieben: „Er wurde [...] als wohlunterrichtet, strebsam u. des Vertrauens rührig bezeichnet und hatte sich die Zufriedenheit und das Vertrauen seiner damaligen unmittelbaren Vorgesetzten im vollen Umfang erworben."[55] Eine höfliche Umschreibung für klug, zuverlässig aber schwierig im Umgang mit Vorgesetzen.[56] (Hierl, 1992, S. 16) Sein Charakter „wird als bescheiden, hilfsbereit und höflich gegenüber Untergebenen, aber auch als schwierig im Umgang mit gleichgestellten und Fachkollegen" beschrieben. „Er war aber auch ein eigenwilliger einzelgängerischer Außenseiter, der sich gern vom übrigen Geschehen distanziert und betont selbständige Wege geht". (Hierl, 1992, S. 15) Vielleicht war dies auch der Grund, warum er den öffentlichen Dienst verließ oder verlassen musste. Dieser Charakterzug blieb ihm ein Leben lang erhalten. Als er nach 1945 als Mitglied der Britischen Kontrollkommission für Deutschland an der Planung des Wiederaufbaus mitwirkte schied er 1947 „aus Protest gegen die seiner Meinung nach zu bürokratische Vorgehensweise [...] aus." (Hierl, 1992, S. 16)

---

[52]   BArch R 3901/100308 Personalakte Gutkind Blatt 24 bis 26.

[53]   Um die Bedeutung dieser Stelle zu würdigen, muss man berücksichtigen, dass auf kommunaler Ebene die „politischen Grundlinien für die städtische Wohnungs- und Siedlungspolitik insbesondere bis zur Mitte der zwanziger Jahre des 20. Jahrhunderts [...] in entscheidendem Maße von der Deputation für das Siedlungs- und Wohnungswesen bestimmt" wurden. Die Deputation ist ein Ausschuß von Magistrat und Stadtverordneten. Hier wirkten Emil Wutzky und ab 1924 auch Martin Wagner. (Bernhardt, 1998, S. 57) Schon 1920 plante die SPD-Fraktion für Groß-Berlin einen Stadtbaurat für Siedlungsfragen zu ernennen. Als Kandidat war Martin Wagner vorgesehen. Als dieser kein Interesse bekundete wurde eine Stelle für einen Generaldezernenten für Städtebau, Siedlungs- und Wohnungswesen mit dem Titel „Städtebaudirektor" eingerichtet. Der Magistrat von Berlin hatte Anfang 1921 diese Stelle öffentlich ausgeschrieben, auf die sich Gutkind dann bewarb. Martin Wagner tritt erst 1926 die erneut für ihn geschaffene Stelle des Stadtbaudirektors an. (Flick, 2005, S. 458) (Akademie der Künste Berlin, 1986, S. 164 ff.)

[54]   1928 soll Gutkind noch einmal als ständiger Mitarbeiter der Kommission für Wohnungsbau mit staatlichen Stellen zusammengearbeitet haben. (Köster, 1999, S. 59 ff.). Dies ist sicher eine Verwechselung mit seiner Tätigkeit in der Sozialisierungskommission.

[55]   BArch R 3901/100308 Personalakte Gutkind Blatt 26.

[56]   Mehrfach hatte Gutkind sich bei seinen Versetzungen mit seinen Arbeitgebern über die Höhe seines Gehaltes strittig auseinandergesetzt, obgleich er ein weit höheres Gehalt bezog als die anderen Referenten. (BArch R 3901/100308 Personalakte Gutkind Blatt 6, 8 ,9, 12)
Auch forderte er mehrfach, dass der Umfang seines bisherigen Personals im Referat so erhalten blieb wie es war. (BArch R 3901/100308 Personalakte Gutkind Blatt 7, 8)

Trotz, oder gerade wegen seiner Tätigkeit im öffentlichen Dienst, war seine Haltung gegenüber dem Behördenapparat stets kritisch. Nach seiner Ansicht gaben „die ungemein scharfen Gegensätze alternder und neu heraufkommender Künstler [...] der Kunstkritik den ewigen Stoff ihrer Tätigkeit, dienen aber im allgemeinen nicht als Grundlage obrigkeitsrechtlichen Eingreifens. Obrigkeit wie Kunstkritik können nun einmal nur zu Bestehendem Stellung nehmen, das Entstehende aber günstigstenfalls rechtzeitig erkennen und ihm Schwierigkeiten aus dem Weg zu räumen". (Gutkind E. A., 1925, S. 3 ff)

3.2 Programmatische Schriften

Die Zeit nach dem verlorenen Ersten Weltkrieg war sowohl politisch als auch künstlerisch eine Selbstfindungsphase mit rasanten Entwicklungen und ständigen Veränderungen. In dieser Zeit war Gutkind neben seiner Tätigkeit im Ministerium auch als Fachautor und Herausgeber tätig. Dafür nutzte er seine vielfältigen beruflichen Kontakte. Ihm gelang es als Herausgeber des Buches „Neues Bauen"[57] bereits 1919 eine Reihe bedeutender Architekten und Baufachleute aus der Verwaltung zur Zusammenarbeit zu bewegen.[58] (Gutkind E. A., 1919) Gutkind hatte mit dem Buch „ein Programm für das Bauen nach dem Kriege" verfasst.[59] Er war als Herausgeber, in diesem Falle also der Führer dieser illustren Arbeitsgemeinschaft. (Posener, 1968, S. 406) „Das groß angelegte Werk betrachtet [...] das ‚Neue Bauen' nach drei Gesichtspunkten, indem es die wirtschaftlichen, die technischen und die künstlerischen Grundlagen erörtert." (Gut, 1920, S. 152) Das Buch war im Gegensatz zu vielen zeitgenössischen Veröffentlichungen von Architekturkollegen kein reines Gedankenspiel, sondern auf die praktische Umsetzung des Wohnungsbaus zur Lösung der Wohnungsnot ausgerichtet. So waren „im Anschluß an die einzelnen Kapitel die wörtliche Wiedergabe der einschlägigen Gesetze und Verordnungen und ihre Ausführungsbestimmungen" abgedruckt „ohne deren genaue Kenntnis [...] weder eine

---

[57]   Nach Huse hat „anders als „moderne Architektur" [...] dieser Begriff ein eigenes noch heute nachklingendes Pathos. Nicht auf die Ergebnisse ist der Akzent gelegt, sondern auf das Tun. Nicht eine Architektur wie viele frühere auch sollte entstehen, sondern etwas prinzipiell Neues. „Bauen" galt als Ehrentitel, den Moderne wie Konservative für sich beanspruchten, während sie den Gegnern nur die Produktion von Architektur zubilligen wollten. Nach dem Verständnis des Publikums wie der Beteiligten stand der modernen Architektur eine konservative gegenüber, die sich bemühte, den Krieg zu überbrücken und an die Tradition anzuschließen." (Huse, 1975, S. 10)

[58]   Dabei sind so bedeutende Namen wie Otto Bartning, Walter Curt Behrend, Josef Brix, Theo Effenberger, Gerhard Jobst, Leberecht Migge, Martin Wagner.

[59]   Huse sieht in dem von Gutkind herausgegebenen Sammelband dagegen nur Vorschläge, die auch vor dem Krieg schon gemacht wurden. (Huse, 1975, S. 128 Fn. 25) Dieser Hinweis trifft zu und ist auf fast alle künstlerischen Bestrebungen der frühen 1920er Jahre anwendbar. Diese wurden sämtlich durch den Krieg unterbrochen und konnten erst fast ein Jahrzehnt später ihre Umsetzung erfahren.

praktische noch eine Verwaltungstätigkeit [...] denkbar ist." (Gut, 1920, S. 152) Darüber hinaus kann es auch als Versuch der Fortführung der Gartenstadtidee angesehen werden. (Hierl, 1992, S. 27)

Drei Jahre später – aus Berlin war inzwischen Groß-Berlin geworden – widmete er sich erneut programmatischen Gedanken. In dem 1922 erschienenen Buch „Vom städte- baulichen Problem der Einheitsgemeinde Berlin" behandelt er die Schwierigkeiten des Zusammenwachsens der Gemeinden um das bisherige Stadtzentrum Berlins zu einem Ganzen, unter Berücksichtigung der Bekämpfung der Wohnungsnot. (Gutkind E. A., 1922) Auch an diesem Buch hatte Martin Wagner Anteil.[60]

Neben diesen Publikationen veröffentlichte Gutkind noch zahlreiche Artikel in in- und ausländischen Zeitungen und Zeitschriften, in denen er seine Gedanken zu den Fragen der zeitgenössischen Architektur und der Lösung des Wohnungsmangels behandelte.[61]

Sein letztes in Deutschland erschienenes Buch (Schallenberger & Gutkind, 1931), das er mit Jakob Schallenberger[62] herausgab, griff erneut sein Hauptinteresse auf: das bezahlbare Wohnen breiter Massen in sozialverträglichen Wohnungen. Das Buch erschien zu einem Zeitpunkt, als der Berliner Wohnungsbau seinen Höhepunkt bereits erreicht hatte und weitere Projekte durch die Weltwirtschaftskrise in absehbarer Zeit nicht durchgeführt werden konnten.

3.3 Gutkind in Künstlerkreisen

Trotz seines distanzierten Charakters stand Gutkind den entscheidenden Architektur- strömungen der Avantgarde jener Zeit nahe. Seine Kontakte zu Wassily Kandinsky, den Gebrüdern Luckhardt, Walter Gropius, Hans Scharoun, Hugo Häring, Bruno Taut u. a. sind durch Briefe und Veröffentlichungen belegt. So stand er auch dem „Arbeitsrat für Kunst"[63] und der „Novembergruppe"[64] nahe, die durch ihr Schaffen international die

---

[60]   Martin Wagner steuerte für das Kapitel III den Aufruf: „An die Bevölkerung Berlins! Aufruf der Organisation der Berliner Hand- und Kopfarbeiter" (vom Juni 1921) bei. (Gutkind E. A., 1922, S. 25 f.) 1929 schrieb Wagner einen Artikel der sich an den Titel von Gutkinds Buch anlehnt: „Die städtebaulichen Probleme der Großstadt" (Vortrag), Auszüge in „Der Neubau", 11. Jahrgang, Heft 7, Seite 144. (Akademie der Künste Berlin, 1986, S. 181 ff)

[61]   Gabriele Gutkind stellte eine Liste aller Publikationen ihres Vaters zusammen, soweit sie davon wusste. (Grabow, 1975, S. 200, Fn. 4 und 5)

[62]   Schallenberger, Paul Jacob (1882–1955), Magistratsbaurat, Berlin.

[63]   Der Arbeitsrat für Kunst war ein Zusammenschluss von Architekten, Malern, Bildhauern und Kunstschriftstellern, der sich 1918 in Berlin gründete und bis 1921 bestand. Er war in Anlehnung an die zu dieser Zeit gegründeten Arbeiter- und Soldatenräte entstanden und hatte sich zum Ziel gesetzt, die aktuellen Entwicklungen und Tendenzen in der Architektur und Kunst einer breiten Bevölkerung

Grundlage für die klassische Moderne schufen, und unterstützte deren Ziele. (Hierl, 1992, S. 19) Aber, auch wenn er den Gruppierungen nahe stand, so war er doch nie deren Mitglied. Das verbot ihm wohl sein Charakterzug als eigenwilliger einzelgängerischer Außenseiter. Auch stellte er bald für sich fest, dass die allzu theoretischen Ziele dieser Gruppen seiner praktischen, pragmatischen Herangehensweise zur Lösung des Wohnungsproblems nicht entsprachen. (Hierl, 1992, S. 19) Zugleich stand seine Nähe zu den radikalen Künstlerkreisen in konträrem Gegensatz zu seinem dem konservativen preußischen Beamtentum verpflichteten Dienstverhältnis.

3.4 Fazit

Wie aus seinem Verhältnis zu Behörden im Allgemeinen zu entnehmen ist, wird Gutkind sich dort nicht sehr wohl gefühlt haben. Dazu war er zu sehr Außenseiter und Querdenker. So haben ihn auch seine Biographen gesehen. [65] Seine Tätigkeit als Angestellter[66] im öffentlichen Dienst hatte wenig mit dem zu tun, wofür später sein Renommee als Architekt, Stadtplaner und Architekturhistoriker stehen sollte. Vielmehr wurde er, nachdem der Krieg zu Ende war, innerhalb der Verwaltung herumgereicht und lediglich mehrfach befristet weiterbeschäftigt. Im Gegensatz dazu hatte man doch so viel Zutrauen in seine Fachkompetenz, dass man ihn ständig als Behördenvertreter oder Sachverständigen in Ausschüsse und Kommissionen delegierte. Vielleicht ist es diesen Umständen geschuldet, dass er sich bereits 1919 ein Atelier in der Hundekehle-

---

nahezubringen. „An der Spitze steht der Leitsatz: Kunst und Volk müssen eine Einheit bilden. Die Kunst soll nicht mehr Genuß weniger, sondern Glück und Leben der Masse sein. Zusammenschluß der Künste unter den Flügeln einer großen Baukunst ist das Ziel." (Flugblatt vom 1. März 1919) (Hierl, 1992, S. 26) Die Unterzeichner des ersten Manifestes waren – u. a. Walter Gropius, Otto Bartning, Lyonel Feininger, Georg Kolbe, Emil Nolde, Max Pechstein, Richard Scheibe, Karl Schmidt-Rottluff, Max Taut. Weitere Künstler unterstützten den Arbeitskreis, wie z. B. Walter Curt Behrendt, Käthe Kollwitz, Hans und Wassili Luckhardt, Paul Mebes, Erich Mendelsohn, Hans Poelzig, Paul Schmitthenner, Heinrich Tessenow.

[64] Am 3. Dezember 1918 in Berlin gegründete Künstlervereinigung, die bis 1935 bestand. Namensgebend war die Novemberrevolution 1918. Die Künstler der Novembergruppe bezeichneten sich selbst als radikal und revolutionär. Ihre Arbeit sollte die soziale Revolution in Deutschland unterstützen. Maßgebliches Ziel der Künstler war die Vereinigung von Kunst und Volk. Darüber hinaus versuchte die Gruppe, Einfluss auf öffentlich kulturelle Aufgaben zu nehmen. Zu ihren Mitgliedern gehörten u. a. Otto Dix, Lyonel Feininger, Fred Forbát, George Grosz, Wassily Kandinsky, László Moholy-Nagy, Ludwig Mies van der Rohe, Otto Nagel, Jacobus Johannes Pieter Oud, Joachim Ringelnatz, Bruno Taut, Kurt Weill.

[65] Bucciareli beschreibt ihn als „un outsider nell´architectura berlinese degli anni venti" und bezieht sich dabei in erster Linie auf sein architektonisches Werk. (Bucciarelli, 1998) Grabow dagegen sieht Gutkinds unkonventionelle Sichtweise als Stadtplaner in den 1950/60er Jahre im Mittelpunkt. Grabow setzt sich in einem Kapitel explizit mit Gutkinds Außenseiterrolle auseinander. (Grabow, 1975, S. 206 f.) Hierl beschreibt den Architekten als „prägnant und eigenwillig". (Hierl, 1995, S. 1432 f.) Tatsächlich wird es sich dabei um einen Charakterzug Gutkinds gehandelt haben, der sich auf alle seine Schaffensphasen und Tätigkeitsfelder erstreckte. Er war ein unkonventioneller Denker, der stets alles bisher Dagewesene infrage stellte.

[66] Alle anderen Quellen haben sich auf Angaben von seiner Tochter Gabriele Gutkind und seiner zweiten Ehefrau Bulling-Gutkind gestützt, wonach interpretiert wurde, dass er Beamter gewesen sei. Dies ist dahingehend von Bedeutung, als das sowohl die Quellenlage bei Angestellten schwieriger ist (sie sind nicht in den einschlägigen Handbüchern aufgeführt). Aber auch für die Beurteilung des beruflichen Werdegangs.

straße 29 in Berlin Dahlem mietete, um dort seine ersten Entwürfe auszuarbeiten. (Berliner Adressbuch, 1919 ff.) [67] Somit gab er keine aussichtsreiche Karriere im hochrangigen Regierungsdienst auf, um sich ganz dem Leben eines freischaffenden Architekten zu widmen. (Hierl, 1995) Vielmehr gab es im öffentlichen Dienst keine Verwendung mehr für einen Mann wie ihn und so kehrte er folgerichtig zu seinen Wurzeln zurück. Wenn man seine publizistische Tätigkeit und seine Kontakte zu den führenden Künstlerkreisen jener Jahre in Betracht zieht, so hatte er seine Wurzeln tatsächlich nie verlassen. Da es weder einen Hinweis für seinen Militärdienst vor dem Ersten Weltkrieg noch für einen Fronteinsatz im Ersten Weltkrieg gibt, [68] kann auch spekuliert werden, dass er sich um eine Stelle im Kriegsministerium bemühte, um nicht an die Front zu müssen. Was umso leichter für ihn war, als dass er ohne militärische Ausbildung aber mit einem hohen Bildungsabschluss gewinnbringender in der Verwaltung als an der Front einsetzbar war.

---

[67]   Im Branchenteil der Adressbücher ist Gutkind erst ab 1925 als Architekt verzeichnet. (Berliner Adressbuch, 1919 ff.)

[68]   In der Personalnachweisung vom 03.03.1920 ist das Feld „Kriegsdienstzeit" ohne Eintrag. (BArchR 3901/100308 Personalakte Gutkind, S. 2).

4 Von der Idee zur Siedlung

4.1 Gutkind und die Gartenstadtgesellschaft

Die DGG wurde 1902 mit dem Ziel gegründet zur Verbesserung der Wohnungs-verhältnisse beizutragen. „Die Gartenstadtgesellschaft [sah sich selbst als] die berufene Trägerin des Gartenstadtgedankens in Deutschland." Ihre Aufgabe war nicht der Bau von Siedlungen, sondern die Propagierung der der Idee und die Unterstützung Bau-williger: „Ein jeder, der auf diesem Gebiete zu arbeiten beabsichtigt, sollte sich mit ihr [der DGG] in Verbindung setzen und sich ihre reichen Erfahrungen, ihre theoretischen und praktischen Kenntnisse und ihre Beziehungen zu zahlreichen sozial interessierten Einzelpersonen, Organisationen und Korporationen zunutze machen." (Kampffmeyer, 1913, S. 103)

Die DGG musste ebenso wie andere mit dem Wohnungsbau beschäftigte Kreise mit dem Kriegsbeginn im August 1914 ihre Tätigkeit für die Dauer des Krieges ruhen lassen. Doch bereits zu diesem Zeitpunkt war den führenden Köpfen der DGG bewusst geworden, dass sie trotz aller Bemühungen das ursprüngliche Gartenstadtideal nicht werden verwirklichen können. Erst nach dem Krieg ergab sich wieder die Möglichkeit die Gartenstadtidee zur Überwindung des drängenden Wohnungsproblems zu nutzen. Aber nun wurde der Kampf gegen die Mietskasernen und die Einführung von Kleinhaus- und Vorstadtsiedlungen zum eigentlichen Arbeitsfeld. (Zimmermann, 1928, S. 89) Dabei war die DGG ursprünglich nicht unbedingt gewillt, selbst als Bauherr aufzutreten, sondern wollte nur unterstützend tätig sein: „Sollte der betreffende [...] keine Lust haben, sich mit den organisatorischen Arbeiten zu befassen, so käme ein Zusammen-gehen mit der DGG in Frage. In vielen Fällen würde wahrscheinlich durch zweck-entsprechende Propaganda [...] eine Ortsgruppe der Gesellschaft in dem betreffenden Ort ins Leben gerufen werden können, die die Vorarbeiten übernimmt und später eine gemeinnützige Gründungsgesellschaft, bzw. Genossenschaft bildet." (Kampffmeyer, 1913, S. 99) Doch die Gartenstadtidee hatte sich bereits überlebt. Auch wenn die vorbildliche Planung und die ästhetisch anspruchsvollen Anlagen noch immer ihre Bedeutung hatten, so waren die Utopien von wirtschaftlicher und politischer Unab-hängigkeit längst Geschichte geworden. In dieser Umbruchzeit versuchte die DGG den Wiedereinstieg zur Fortsetzung ihrer Tätigkeit. Die Siedlungen der zwanziger Jahre, die nach der Inflationszeit gebaut wurden, traten die programmatische Nachfolge der Gartenstadtidee an. Dabei übernahmen diese Siedlungen die vom städtebaulich-ästhetischen Standpunkt aus richtigen Forderungen der Gartenstädte wie Planmäßigkeit, Einheitlichkeit, Typisierung und übertrafen diese noch in der Konsequenz durch den hohen funktionalen Anspruch. Doch die mit der Gartenstadtidee verbundenen Gemeinschaftseinrichtungen und sozialen Bestrebungen verschwanden meist ausnahmslos aus dem Fokus des Städtebaus. (Hartmann, 1976, S. 44) Mitten in der Inflation begann die DGG 1923 die Planungen zu drei neuen Siedlungsprojekten in den Randbezirken von Berlin. Als Architekt wurde Erwin Gutkind bestimmt, als Gartenplaner Leberecht Migge.

Bereits zu Beginn des Ersten Weltkriegs, also zum Zeitpunkt seiner Promotion, setzte sich Gutkind erstmals detailliert mit der Gartenstadtidee auseinander. In seinem unveröffentlichten Memorandum „Gartenstädte" (Gutkind E. A., ca. 1914)[69] sah er in ihnen die Lösung des Wohnungsproblems. Er nahm dabei explizit auf die von der DGG geplanten (Perlach bei München)[70] bzw. ausgeführten Projekte (Hellerau bei Dresden und Falkenberg bei Berlin) Bezug. Für seine erste Veröffentlichung nach dem Weltkrieg gelang es Gutkind als Herausgeber des Buches „Neues Bauen" dann auch zahlreiche Autoren, die der Gartenstadtidee nahestanden, bzw. diese aktiv vertraten, für Beiträge zu gewinnen.[71] (Gutkind E. A., 1919) (Hierl, 1992, S. 27) Durch seine Mitgliedschaft in der „Sozialisierungskommission über die Neuregelung des Wohnungswesens" lernte er 1920 den langjährigen Sekretär der DGG Hans Kampffmeyer kennen, mit dem er seine ersten Projekte verwirklichen sollte. Dabei wurde der ganzheitliche Ansatz des „Neuen Bauens" im Sinne einer Fortsetzung der reformerischen Ideen des Gartenstadtgedankens interpretiert. Dies kommt auch durch die bewusste Berücksichtigung der wirtschaftlichen, technischen und künstlerischen Grundlagen des Neuen Bauens zum Ausdruck. (Gutkind E. A., 1919) Als Fortsetzung dieses Gedankens, unter Beachtung der sich aus der Bildung von Großberlin 1920 ergebenden nunmehr stark veränderten Ausgangssituation in Berlin kann sein 1922 erschienenes Buch „Vom städtebaulichen Problem der Einheitsgemeinde Berlin" angesehen werden.

Die ersten Siedlungen, die Gutkind in Zusammenarbeit mit der DGG baute, können als die praktische Umsetzung seiner programmatischen Ideen der frühen zwanziger Jahre gesehen werden, die er und seine „Mitstreiter" in seinen Büchern veröffentlichten. (Hierl,

---

[69] Eine Kopie des Memorandums befindet sich im Archiv der AdK, Berlin und ist mit 192..? datiert. Die Angaben in dem Memorandum beziehen sich auf die Verhältnisse der Siedlung Falkenberg von 1913/14. (Hartmann, 1976, S. 120 f.) Daher muss das Memorandum auf ca. 1914 datiert werden. (AdK Nachlass Gutkind, Kiste 1)

[70] Die Siedlung wurde nie gebaut.

[71] Z. B. Beiträge von Leberecht Migge: „Neues Gartenbauen", Theo Effenberger: „Gartenstädtische Bauten", Martin Wagner: „Bebauungsplan für Städte und Vorstädte", W. Lindner: „Landschaft und Siedlung", Erwin Gutkind: „Form und Farbe".

1992, S. 31) Während die Siedlung, die 1923/24[72] in Berlin Staaken ausgeführt wurde, noch aus einer losen Folge von Doppelhäusern bestand, (Abb. 3) wurde die Siedlung in Lankwitz 1924/25 in geschlossener Bauweise erbaut, bereits als Wohnhausgruppe bezeichnet. Mit dem letzten gemeinsamen Projekt, dem 1924/25 erbauten Wohnblock in Berlin-Pankow, war dann die Abkehr von der Gartenstadt zum Siedlungsbau der zwanziger Jahre mit geschlossener Randbebauung vollzogen.(Hierl, 1992, S. 206 ff.) Finanzielle Schwierigkeiten der DGG führten dazu, dass die geplanten Gartenanlagen nicht mehr zur Ausführung gelangten. (Gutkind E. A., 1926, S. 7)

4.2 Bau der Siedlung

„Die im Bannkreis der Stadt gelegenen halbländlichen Siedlungen, die, in das Grün des Kulturgürtels eingelagert, Berlin wie ein loses und doch festes Netz umgeben, (Abb. 4) sind in horizontaler Lagerung zu kleineren Komplexen zusammengerückt, ohne vollkommen aufgelockert zu sein. In ihnen muß leise schon der Grundton der Masse und der Reihung erklingen. Die Häuser sind in ihrer Grundform und in ihrer Aufteilung erdgebunden, aber nicht erdbefangen. Der Körper des einzelnen Hauses steht nicht in ländlicher Vereinzelung, sondern fügt sich mit anderen zu Gruppen aneinander. Zusammengelegte Landflächen mit eingestreuten kleineren Ballungen von flachen Kleinhäusern bereiten auf die allmählich einsetzende Konzentration zu einheitlichen Blockmassen vor." (Gutkind E. A., 1922, S. 82 f.) „Die Raumfreiheit, die Vielfarbigkeit der Wohnviertel, das überwiegende Grün wandeln sich allmählich immer schneller zu Raummenge, zu stumpfen Farbgebundenheiten und zu geduldeten Bäumen. Die Massen werden kompakter und doch in ihren Einheiten zerrissener, immer weniger ist der Einzelne, immer mehr wird die Volksmasse zum Maßstab und Gestalter". (Gutkind E. A., 1922, S. 83) Seine plastischen Schilderungen beginnen langsam und gemächlich wie das Landleben, gewinnen dann immer mehr an Fahrt und werden immer lebendiger, je näher sie dem Stadtzentrum kommen.[73]

„Was da am äußersten Stadtrand Berlins entstand, ließ sich kaum mit bisherigen Siedlungsbauten in Einklang bringen." (Güttler, 2002, S. 144) Nach Gutkinds Vorstellung sollten die Siedlungen den Übergang vom Lande zur Stadt darstellen. „Die

---

[72] Zum tatsächlichen Bauzeitraum siehe: auch Kapitel 5.2: Bau der Siedlung.

[73] Man fühlt sich dabei unwillkürlich an die Eingangsszene aus dem Film „Berlin – Die Sinfonie der Großstadt" von 1927 erinnert, zu der Gutkinds Zeilen wie ein Drehbuch passen: „Der Film beginnt mit einer Bahnfahrt: Ein von einer Dampflokomotive gezogener Schnellzug fährt durch Wiesen, Lauben- und Wohngebiete in die Stadt hinein, und grenzt so das Umland von der Großstadt ab." Wikipedia, Stichwort „Berlin – Die Sinfonie der Großstadt", Abfrage: 11.10.2010, 14:35

Schönheit liegt in der Verteilung der Massen, in ihrem Verhältnis zum Straßen- und Gartenraum, in der Farbigkeit der Hausreihen. Diese Stadtgegenden müssen den bewußten Gegensatz zur Innenstadt fühlen lassen, die aus dem Menschen ein Organ, ein Individuum macht." (Gutkind E. A., 1922, S. 83)

Zu den vielen Fakten zur Geschichte der Siedlung, die bislang nicht verifiziert worden sind, bzw. deren Ursprung in der Literatur nicht genannt wurde, gehört selbst das Baudatum. Die einschlägige Literatur gibt als Zeitraum der Erbauung 1923/24 an. Wann der Bau der Siedlung tatsächlich begonnen hat, konnte nicht mit Sicherheit ermittelt werden, da keine zeitgenössischen Dokumente mehr vorliegen. Wenn man sich auf Angaben in den zeitgenössischen Publikationen stützt, die erst ab 1925 die Siedlung erwähnen, dann sind die Doppelhäuser 1923/24[74], bzw. 1924[75] entstanden. Nur Migge erwähnt bereits 1924, dass an der Siedlung gebaut wird. (Migge L. , 1924, S. 427)[76] In den einschlägigen Nachschlagewerken wird die Siedlung erst ab 1925 bzw. 1927 aufgeführt. „Haberlandts Bauten-Nachweis" führt die Siedlung ab Ausgabe April 1925 auf.[77] Im Berliner Adressbuch sind 1927[78] für diese Anschriften Neubauten ausgewiesen. Die in der Literatur manifestierte Angabe vom Bauzeitraum 1923/24 kann nicht belegt werden. Vielmehr muss von einem Fertigstellungstermin um 1925 ausgegangen werden.

Die DGG als Bauherr muss großes Vertrauen in die Fähigkeiten des Architekten gehabt haben, da sie ihm nicht nur die Entwürfe anvertraute, sondern auch noch die Bauleitung überließ. Dies ist deswegen umso bedeutsamer, als das Gutkind zuvor nie praktisch tätig gewesen war. Dies lässt sich nur erklären durch die jahrelangen persönlichen Kontakte, die Gutkind zu den leitenden Persönlichkeiten der DGG unterhalten hatte.[79] Wie Gutkind das allein bewerkstelligte ist unklar, da er zu diesem Zeitpunkt noch über kein eignes Architekturbüro verfügte und scheinbar auch keine Mitarbeiter beschäftigte.[80]

---

[74] (Müller-Wulckow, 1928, S. 58) (Güttler, 2002, S. 242) (Hierl, 1992, S. 31, 205) (Jahn, 1971, S. 297)

[75] (Gutkind E. A., 1926, S. 8), (Wattjes, 1927, S. Abb. 109), (Hajos & Zahn, 1928, S. 114) (Ochs, 1999)

[76] Diese Angaben sind jedoch wenig vertrauenswürdig, weil er dies ein Jahr später fast wortgleich wiederholt. (Migge L. , 1925, S. 77) Da auch die Gartenanlage nie verwirklicht wurde, muss vielmehr davon ausgegangen werden, dass hier der Wunsch Vater des Gedankens war.

[77] „Hamburger Str. Siedlung von 7 Doppelhäusern. – Rohbau" und „An der Heerstraße. Siedlung von 14 Doppelhäusern. – Rohbau". Die Bauten werden durchgängig bis September 1925 aufgelistet. (Haberlandts Bauten-Nachweis, 1925) In der Summe 21 Doppelhäuser. Das Fertigteilhaus ist nicht aufgeführt. Siehe auch Kapitel 6.7: Fertigteilhaus.

[78] Da für das Berliner Adressbuch im Jahr vor dem Erscheinen Redaktionsschluss gewesen ist, kann man auf Bewohner in der Siedlung bereits für 1926 schließen.

[79] Siehe auch Kapitel 5.2: Gutkind und die Gartenstadtgesellschaft.

[80] Er arbeitet noch unter seiner Wohnanschrift Taunusstraße 10 und hat scheinbar noch kein eigenes Architekturbüro (Haberlandts Bauten-Nachweis, 1925). Erst für sein Folgeprojekt nutzt er sein Atelier in der

Was die Bauausführung angeht gibt es auch hier unterschiedliche Angaben. Im Bauten-Nachweis ist für die Bauausführung die Fa. Paul Rasch[81] verzeichnet; im Berliner Adressbuch ist die Wilmersdorfer Hochbaugesellschaft als Eigentümer verzeichnet. (Berliner Adressbuch, 1919 ff.)

4.3 Anlage der Siedlung

Obgleich die Siedlung als Ganzes unter Denkmalschutz gestellt wurde,[82] wird in der zeitgenössischen Fachliteratur ausschließlich auf die Bauten Bezug genommen. Die Siedlung findet, abgesehen von der Gartengestaltung, nur deklaratorisch Erwähnung. Daher kann man davon ausgehen, dass die Siedlung für sich betrachtet schon zur Zeit ihrer Entstehung keine besondere Qualität aufwies, die sie von anderen abhob. Selbst Gutkind beschreibt nur seine Bauten. Zur Siedlung selbst gibt er nur deren Lage an: „an der äußersten Westgrenze Berlins zu beiden Seiten der Döberitzer Heerstraße errichtet."[83] (Gutkind E. A., 1926, S. 7) Skizzen, Pläne oder Luftbilder, die die Gesamtanlage der Siedlung wiedergeben gibt es von Gutkind nicht. Zur Größe der Siedlung schreibt Gutkind selbst recht wage „ungefähr 40 Wohnungen". (Gutkind E. A., 1926, S. 7) Das weist darauf hin, dass noch 1925 unklar war, welchen Umfang die Siedlung haben sollte. [84] In den Berliner Adressbüchern bis 1930 sind noch 22 Doppelhäuser verzeichnet, wobei das Doppelhaus 43-44 erst als s „unbewohnt" angegeben ist. (Berliner Adressbuch, 1919 ff.) (Abb. 5) Dies deckt sich auch mit der Skizze von Leberecht Migge von 1924 in der noch 22 Doppelhäuser eingezeichnet sind. (Migge L. , 1924, S. 427) (Abb. 7) In einer Bauzeichnung von aus dem Jahre von 1931 ist die Siedlung mit 21 Doppelhäusern eingetragen.[85] Man kann also davon ausgehen, dass dieses letzte Doppelhaus geplant, aber nicht gebaut wurde. Dies wird zudem durch die Erinnerungen von Frau Ladinig bestätigt, die bereits als Kind in der Siedlung gespielt hat. Danach gab es in ihrer Kindheit noch Baugruben, die später mit Bauschutt

---

Hundekehlenstr. 29. (Hierl, 1992, S. 14) Auch im Branchenteil der Adressbücher erst ab 1925 aufgeführt (Berliner Adressbuch, 1919 ff.)

[81]   Fa. Paul Rasch, Zimmerei und Baugeschäft, Bln. Tempelhof, Manteuffelstr. 9 – 10. (Haberlandts Bauten-Nachweis, 1925).

[82]   (Ochs, 1999)

[83]   Der Name Döberitzer Heerstraße war bis in die 1920er Jahre gebräuchlich, bis sich der Name Heerstraße durchsetzte.

[84]   In „Haberlandts Bauten-Nachweis sind auch lediglich 21 Doppelhäuser aufgeführt. (Haberlandts Bauten-Nachweis, 1925) Das Fertigteilhaus wird in „Haberlandts-Bauten-Nachweis" bis 1930 nicht erwähnt.

[85]   Lageplan der Werfthalle, Berlin-Staaken von Ernst Sagebiel aus dem Architekturmuseum der Technischen Universität Berlin, Inv. Nr. 53726.

verfüllt wurden. Als Baugrund war das Gelände im südwestlichen Zipfel der Siedlung vorgesehen. Dort wurde später das Fertigteilhaus errichtet.[86]

Über die Anlage von Siedlungen gab es idealtypische Vorstellungen. „So standen sich in der Anlage der Bebauungspläne zwei Lager gegenüber. Auf der einen Seite schwelgte die Gruppe der Romantiker, wie Richard Riemerschmidt in Hellerau und Georg Metzendorf auf Margarethenhöhe, in geschwungenen Wegen und einer unregelmäßigen Situierung der Hausgruppen. Auf der anderen Seite befanden sich die Vertreter der strengen Geometrie mit geraden Straßen, rechtwinkligen Kreuzungen sowie strengen Achsbezügen. Als Beispiele können hier die Gartenstadt Mannheim [...] sowie die Gartenstadt Karlsruhe [...] genannt werden." (Kiem, 1997, S. 157) Dies konnte aber nur für Siedlungen gelten, deren Straßen und Wege neu angelegt wurden. Die Siedlung „Neu-Jerusalem" entwickelte sich entlang eines bestehenden Straßen- und Wegenetzes. Dadurch waren Lage und Ausrichtung der Doppelhäuser bereits weitgehend vorbestimmt. Einflussmöglichkeiten auf die Ausrichtung der Häuser waren somit von Anfang sehr begrenzt. Lediglich südlich der Heerstraße kam es durch die zusätzliche Ausnutzung des Quartierinnenbereiches zu einem begrenzten Gestaltungs-spielraum. Dieser wurde aber durch die beabsichtigte gleichmäßige Verteilung der Gartenflächen je Doppelhaushälfte (DHH) zunichte gemacht. Damit konnte sowohl eine Ausrichtung der Doppelhäuser in Nord-Süd-Richtung zur optimalen Ausnutzung der Sonne, wie auch eine standardisierte Ausführung der Gärten, wie sie Migge vorschwebte, nicht umgesetzt werden. (Effenberger, 1919, S. 218) (Hierl, 1992, S. 32) Um dennoch einen größtmöglichen Erholungscharakter zu gewährleisten, wurden alle Gärten auf die Quartierinnenbereiche ausgerichtet.

Die Höhe der Hauswände bestimmte auch die zulässige Breite der Straßen. Nur wenn Straßenbreite und Höhe der Häuser in einem adäquaten Verhältnis stehen, lässt sich ein toter und damit unwirksamer Raum zwischen den Gebäuden vermeiden. „Kann eine breite Straße durchaus nicht vermieden werden [wie z. B. die Heerstraße], so müssen andere Mittel Anwendung finden, um die Gebundenheit des Raumes zu erreichen", (Gutkind E. A., 1919, S. 253) wie etwa durch langgezogene Vorgärten oder Reihen von Alleebäumen. Dieses Gestaltungselement der doppelreihigen Alleebäume wurde von Migge in Staaken aufgegriffen.[87] (Abb. 7)

---

[86]   Siehe auch Kapitel 6.7: Fertigteilhaus.
[87]   Siehe auch Kapitel 7.3: Gartengestaltung.

Der Plan von Migge aus dem Jahre 1924 ist der älteste Plan der Siedlung und zeigt, dass die Zuschnitte der Gärten insgesamt anders waren, als sie sich heute darstellen. (Migge L. , 1924, S. 427) (Migge L. , 1925, S. 77) (Abb. 7 und 3) Danach war im südlichen Siedlungsbereich lediglich eine verzweigte Sackgasse als Erschließungsweg vorgesehen. So war die Siedlung in ihrer ursprünglichen Planung insgesamt nach außen abgeschlossener, als sie es durch die heutige Wegeführung ist.[88] Später wurde der nach Norden abzweigende Teil der Sackgasse durch ein bestehendes Gartengrundstück (westlich der Heerstraße 647) zur Heerstraße hin verlängert. Dadurch erhielt die ehemalige Sackgasse die Form einer Ringstraße, die einen Teil der Siedlung zur Heerstraße hin umschloß. Der Zustand der Erschließungswege im südlichen Teil der Siedlung[89] sowie die östlichen/südöstlichen Begrenzungswege[90] befinden sich auch heute noch in dem unbefestigten Zustand der Sandpisten der Anfangsjahre. (Abb. 8 und 9)

4.4 Vergleich der Siedlungen in Staaken

Zehn Jahre bevor man mit dem Bau der Siedlung „Neu-Jerusalem" begann, wurde ca. einen Kilometer nördlich davon die Gartenstadt Staaken angelegt, die als Musterbeispiel für die Verwirklichung des Gartenstadtgedankens vor dem Ersten Weltkrieg angesehen werden kann. Zwischen 1914 und 1917 baute Paul Schmitthenner die Gartenstadt für die Arbeiter der staatlichen Munitionsfabriken in Spandau. Dabei orientierte sich Schmitthenner an den künstlerisch-städtebaulichen Anschauungen von Camillo Sitte, der die „Wiederbelebung" der mittelalterlichen Stadt propagierte. Im Zentrum seiner Betrachtungen stand der städtische Platz, von dem das Wegesystem seinen Anfang nahm, bzw. seinen Endpunkt fand. Um den Platz gruppierten sich die Bauten von zentraler Bedeutung (z. B. Schule, Kirche, Warenhaus). Die Straßen folgten keinem starren Muster, sondern verliefen wie zufällig entstanden oder historisch gewachsen. Er nutzte eine Vielzahl von Haustypen mit unterschiedlichen traditionellen Fassadengestaltungen und Dachformen, die mit unterschiedlichen Gestaltungselementen, die stets einen historisierenden Eindruck erwecken sollten (wie z. B. Fensterläden, Erkern, Stiegen, verputzte Eckquadern, Laubengängen), „dekoriert" waren.

---

[88]   Diese Abgeschlossenheit blieb mindestens bis in die 1930er Jahre so bestehen.
[89]   Heute Str. 388 und 389.
[90]   Heute Str. 387 nördlich der Heerstraße und Döberitzer Weg südlich der Heerstraße südwestlich verlaufend.

Es ist schon eine seltsame Fügung, dass Erwin Gutkind, nur durch das Flug-platzgelände getrennt, eine Siedlung baute, die mit allem brach, wofür die Gartenstadt Staaken steht. Die Situation ist ein Paradebeispiel für die Gegensätze zwischen den Traditionalisten, wie Schmitthenner einer war, (Abb. 10) und den Protagonisten des Neuen Bauens, wie Gutkind einer war. (Abb. 11) (Gormacher, 2006) Die bestimmenden Stilelemente wie Zentralbauen, Plätze, Variation von Bauten, Walmdächer und gewundene Straßenführung fehlen hier völlig. Allein die Farbigkeit der Bauten ist ein verbindendes Element über alle Gegensätze hinweg.[91] Neunzig Jahre später ent-wickelte sich die Dachform zum „Stein des Anstoßes", an dem beide Lager ihre Vorstellungen einer geeigneten architektonischen Ausdrucksform festmachten und die zum Architektenstreit und Dächer-Krieg führen sollte.

4.5 Fazit

Die Ideen, die zum Bau der Siedlung geführt hatten (Gartenstadtbewegung und Selbst-versorgersiedlung), waren zum Zeitpunkt der Erbauung der Siedlung bereits nicht mehr zeitgemäß. Für die DDG war es der hilflose Versuch sich selbst neu zu definieren und den Anschluss an die gesellschaftliche Diskussion und die wohnungsbaupolitischen Notwendigkeiten zu gewinnen. Migges Idee der Selbstversorgersiedlung fehlte nach Überwindung der Inflation und Massenarbeitslosigkeit die ökonomische Notwendigkeit. Zugleich hatte sich in der Praxis gezeigt, dass sich die hochgestellten Erwartungen an die Möglichkeiten der Selbstversorgersiedlung als unrealistisch erwiesen hatten.

Gutkinds Idealvorstellungen einer Siedlung ließen sich lediglich noch architektonisch umsetzen. Doch schon die Abhängigkeit vom Zuschnitt des Baugrunds machte weitere Forderungen des Neuen Bauens, wie z. B. die Ausrichtung der Bauten in Nord-Süd-Richtung zunichte. So waren die Absichten Gutkinds zumindest teilweise gescheitert.

---

[91]   Den „Aufruf zum farbigen Bauen!" in der Bauwelt 1919 haben dann auch beide Architekten mit unterzeichnet. (Zehder, 1919)

5 Die Siedlungsbauten der fühen 1920er Jahre

5.1 Vorbilder

Bereits vor dem Ersten Weltkrieg machten sich in der Architektur die ersten Anzeichen der Moderne bemerkbar. Das Kriegsgeschehen brachte jedoch nicht nur den Wohnungsbau zum Erliegen, sondern verurteilte auch die Architekten der kriegs-führenden Nationen dazu, ihre Ideen allein auf dem Papier zu verwirklichen und Utopien nachzujagen, während sie in den Krieg zogen. Allein in den neutralen Niederlanden konnte sich die Architektur weiterentwickeln. Die 1917 gegründete zukunftsweisende Kunstbewegung De Stijl bündelte diese vielschichtigen Ambitionen.

„Stile sind komplizierte Wirkungszusammenhänge, deren Faktoren ebenso wenig dauernd konstant bleiben wie die Wechselbeziehungen dieser Faktoren. Schon die Unterschiede von Künstler zu Künstler, aber auch von Werk zu Werk, lehren, daß die Kategorien eines Stils keine starren Determinanten sind, die unmittelbar jedes einzelne Gebilde bestimmen, und daß auch keineswegs alle Faktoren, die einen Stil ausmachen, auch bei jedem einzelnen der ihm zugehörigen Werke eine Rolle spielen müssen." (Huse, 1975, S. 48) So schnell die politischen, wirtschaftlichen, technischen und künstlerischen Einflüsse nach Kriegsende in rascher Folge kamen und gingen, so unmöglich war es, einen einheitlichen Kunststil auszumachen. Die Bauten dieser ersten Nachkriegsjahre lassen sich demnach nur sehr schwer einem Stil zuzuweisen. „Die Zwanziger Jahre hatten es eilig, man mußte schnell zu Ergebnissen kommen. Das war Ihr Ereignis, das war ihre Gefahr". (Posener, 1992, S. 6)

Aus der Sicht jener Zeit stellte sich die Situation so dar: „Es ist nun nicht so, daß plötzlich ein Geschlecht von besonders begabten Architekten hervorgetreten ist: um die neue Großstadt zu gestalten. [...] Was die [...] Architekten [nach dem Ersten Weltkrieg] verbindet, ist mehr der Stil als die Kunst, mehr der Wille als das Talent, mehr die Baugesinnung als schöpferische Phantasie. Die [...] Architekten haben so unendlich viel mit der nackten Notdurft des Wohnens, mit den rohen Bedürfnissen der Massen, mit Kostenanschlägen, Materialgedanken und Grundrißlösungen zu tun, daß sie zu rein darstellenden Formen gar nicht die innere Ruhe haben können. Dazu würden ruhigere Zeiten, feste Baukonventionen und ein sowohl äußerer wie innerer Überfluß gehören. Der Ästhetiker kommt im neuen Berlin nicht auf seine Kosten, weil noch alles Versuch und Experiment, weil noch nichts reif ist. Diese ganze Architektur ist vielleicht bestimmt – trotz Stahlskelett- und Betonkonstruktion – nach dreißig oder fünfzig Jahren wieder zu verschwinden, um etwas Endgültigerem Platz zu machen. Es ist alles nur eine Art von

Probearchitektur, nichtsdestoweniger hat sie ihre Mission – ihre soziale und bedingter auch ihre künstlerische Mission. [...] Das Entscheidende ist, daß auch das Wohnbedürfnis der Großstadtmassen gewissermaßen normalisiert ist. Daraus ergibt sich der Stil einer überall gleich gerichteten Sachlichkeit, ein Stil, der vorrangig noch Gerüst ist und das Persönliche mehr ausschließt als anzieht, in dem aber die Möglichkeiten eines straffen und zwingenden Rhythmus, guter, klingender Verhältnisse und einer Massenmonumentalität vorhanden sind: das heißt: Grundlagen eines Künstlerischen. Dieses Künstlerische selbst dürfen wir nicht fordern, wir müssen uns mit dem begnügen, was in all dem Neuen an gemeinsamer Formnotwendigkeit, enthalten ist, mit dem, was zeitorganisch anmutet." (Scheffler, 1931, S. 179 ff.)

In einer so bewegten Zeit voller Umbrüche kommt der De Stijl-Bewegung eine herausgehobene Bedeutung zu, in der die Architektur die wichtigste Domäne darstellt. (Jaffé, 1965, S. 193) Bis 1923 zeichneten sich in der deutschen Architektur noch keine klaren Tendenzen in diese Richtung ab. (Jaffé, 1965, S. 174). Das lag vor allem daran, dass von niederländischer Seite die führenden Köpfe der Bewegung erst nach Kriegsende nach Deutschland kommen konnten. So nahm der Mitbegründer der Künstlervereinigung De Stijl Theo van Doesburg erstmals im Dezember 1920 mit führenden deutschen Architekten des Bauhauses Kontakt auf. (Jaffé, 1965, S. 181 f.). Auch für die deutschen Architekten war es schwer sich ein Bild von den Leistungen dieser Bewegung zu machen, da die Bauten sich zumeist an entlegenen Plätzen befanden. Die Reisemöglichkeit war in der ersten Nachkriegszeit noch stark eingeschränkt und wodurch es erschwert wurde, neue Kontakte zu knüpfen. (Jaffé, 1965, S. 183) (Hilberseimer, 1992, S. 20) Dennoch finden sich viele der von dieser Bewegung vertretenen Elemente bei Gutkinds Entwürfen wieder: die Backstein-fassaden, die klaren Linien und Proportionen, (Jaffé, 1965, S. 62), das Betonen der Horizontalen (Jaffé, 1965, S. 63), die Farbigkeit der Bauten (Jaffé, 1965, S. 62) und die Nutzung des Taylorismus zur kostengünstigen Schaffung von Wohnraum. (Jaffé, 1965, S. 80, Fn. 136). Auch wenn der stilistische Einfluss des De Stijl bei den Siedlungsbauten in Staaken noch nicht klar zum Ausdruck kommt, so ist dieser bei späteren Bauten unverkennbar.

Die schwierige Nachkriegszeit mit all ihren Entbehrungen ließ nur eine sehr bescheidene private wie staatliche Bautätigkeit zu. Die Not war sehr groß und die finanziellen Möglichkeiten allgemein sehr gering. Durch einen staatlichen Wohnungsbau wollte man der Wohnungsnot Einhalt gebieten. Dafür wurden aber, bevorzugt um

Kosten zu sparen, die Architekten der Bauämter herangezogen, die sich im Geiste noch immer der Tradition der Vorkriegszeit verpflichtet fühlten. Der Bund deutscher Architekten erkannte die Lage und wandte sich an das Wohlfahrtsministerium, um auch den freien Architekten die Möglichkeit zu geben sich zu verwirklichen.[92] Neues Denken und wagemutige Entwürfe hatten wenig Raum in dieser Zeit. Die wenigen Beispiele, von denen Gutkind sich Anregungen erhoffen konnte, waren dann auch Privatbauten[93]: wie die Doppelvilla am Karolinger Platz, Berlin-Westend (1922)[94] (Müller-Wulckow, 1928, S. 59) und die „Villa Sternefeld"[95] an der Heerstraße in Berlin-Grunewald (1923) (Müller-Wulckow, 1928, S. 50 f.) von Erich Mendelsohn sowie die „Villa Dr. R." in Berlin-Wilmersdorf aus dem Jahre 1923 von Harry Rosenthal[96]. Alle anderen Bauten, die sich der Moderne verpflichtet fühlten, wurden erst nach 1923 begonnen. (Müller-Wulckow, 1928) Diese geringe Zahl der Vorbilder zeigt sehr deutlich, wie weit Gutkind seiner Zeit voraus war, und daher zu Recht der Avantgarde jener Jahre zugerechnet werden muss. Nach 1923, mit der Überwindung der Inflation und der Einführung der Hauszinssteuer, kam die staatliche Bautätigkeit zu neuer Blüte und der Einfluss des De Stijl auf die Bauten in Deutschland war überall gegenwärtig. (Jaffé, 1965, S. 197)

5.2 Siedlungsbauten

5.2.1 Gutkind-Bauten

Um die Bedeutung eines Bauwerks zu würdigen, ist es notwendig die Intention des Architekten zu erkennen. Auch die architektonische Einordnung des Bauwerkes sowie dessen Bewertung durch Zeitgenossen ist dabei zu berücksichtigen. Gutkind selbst hat uns wenig Gedanken zur Siedlung hinterlassen, um seine Absichten zu erkennen. Daher muss zum Teil auf seine programmatischen Schriften zurückgegriffen und diese

---

[92]   GehSt A PK I. HA Rep. 191 Nrn. 1a, 34, 35, 139, 204.

[93]   Zwischen 1919 und 1923 wurden nicht Häuser für die Allgemeinheit, nicht Mietshäuser und Siedlungen gebaut, sondern fast nur Landhäuser". (Scheffler, 1931, S. 173)

[94]   Mendelsohn verwendet hier bereits wesentliche Stilelemente, die später für die Gutkindbauten typisch werden sollten (Abb. 12):
•   die Verwendung von Klinkerfassaden in den Obergeschossen und das Verputzen des Sockelgeschosses,
•   die über Ecke laufenden Fensterbänder,
•   die „liegenden" Fenster,
•   die Ecklösung,
•   das Flachdach

[95]   Bei dem abgestuften kubischen Bau mit Flachdach nutzt Mendelsohn die Sichtziegelflächen wesentlich zurückhaltender als bei Gutkind bei seinen Bauten. (Abb. 13)

[96]   Rosenthal bedient sich der expressionistischen Ziegelarchitektur für das Sockelgeschoss und der „querliegenden" Fenster. Die kubischen Formen und das Flachdach verstärken weiter die Ähnlichkeit zu Gutkinds Bauten. Insbesondere der Vergleich der Gartenseiten der Bauten Gutkind/Rosenthal zeigt unverkennbar Parallelen. (Abb. 14 und 2)

interpretiert werden. Er sah sich zu einem Kreis von Architekten gehörig, die „in der Ablehnung überkommener Bauformen einen gemeinsamen Ausgangspunkt finden." (Gutkind E. A., 1925, S. 1) Seine radikale Abwendung vom Traditionellen stellt er so dar: „Lehnt man ein schräges Dach ab, weil wir heute auch Plattformen einwandfrei dichten können, läßt man die blassen Erinnerungen an ein ehemals (im Säulenbau) bedeutsames Trag- und Lastwerk weg, so hat man immer nur noch Verneinungen vor sich. Bis dahin war der völlig anspruchslose Nutzbau schon sehr lange gekommen. Eine Feldscheune, eine auf das liebloseste hergestellte Fabrik entsprach auch diesen Bedingungen." (Gutkind E. A., 1925, S. 1) Der Architekt „entblößt den Bau von allen überflüssigen Zutaten, die historisch überkommen oder technisch bedingt nicht mehr notwendig waren. Zu Beginn der 1920er Jahre hatte die Bautechnik bereits einen Stand erreicht, der diese Zutaten auf das rein Dekorative oder der ‚Gewohnheit' entsprungene reduziert. Er verwies zu Recht darauf, dass der Wohnungsbau in dieser Hinsicht der Industriearchitektur und dem Zweckbau um Jahrzehnte hinterherhinkte. Die baulichen Zutaten wie Giebel und Türmchen machten die traditionellen Bauten nur noch unerträglicher, ja zu vollkommenen Zerrbildern." (Gutkind E. A., 1925, S. 2) „Auch das Verstecken, z. B. eines Wasserturms in der Maske eines Bergfrieds wirkte unerfreulich, sobald man der beabsichtigten Täuschung bewußt wurde. So wurde denn die reine Zweckform als verhältnismäßig erfreulich empfunden, und man hat wohl im Ekel vor Mißbildungen die Formlosigkeit nicht ganz selten überschätzt." (Gutkind E. A., 1925, S. 3) „Mit der Besinnung auf die Aufbauarbeit, die doch dem Ausmerzen verfehlter Schmuckabsichten folgen mußte, war die Aufgabe gestellt, aus den Bestandteilen, die der Bauzweck nötig macht, darüber, also über den Nutzzweck hinaus eine künstlerische Wirkung zu erzielen." (Gutkind E. A., 1925, S. 3) Diese künstlerische Wirkung erstreckte sich in seinem Sinne vom kleinsten Baudetail, über den Bau als solches, letztlich auf die ganze Siedlung. „Es gibt in der Baukunst keine Nebensächlichkeiten, der kleinste Türgriff muß schön, aus dem Gestaltungswillen des Ganzen und aus seinen eigenen inneren Bedingungen herausgebildet sein. Der Grundgedanke muß sich bis in die geringste Einzelheit formgestaltend fortpflanzen. Jede kleinere Form muss sich der übergeordneten harmonisch einfügen. Vom Untersten angefangen bedeutet das: Die Form der Glasscheibe muß dem Fenster, dieses der Mauerfläche, diese dem Haus, dieses wiederum der Straße und die Straße der Gesamtanlage der Siedlung entsprechen." (Gutkind E. , 1919b, S. 250 f.)

„Die Form des Wohnhauses muß ruhig sein und in sich geschlossen. Es muß sich den Verhältnissen der Erde anpassen, also mehr waagerechte als senkrechte Abmessungen im Ganzen und in seinen einzelnen Teilen haben." (Gutkind E. , 1919b, S. 251) Daher ergab sich recht deutlich und einfach die lagernde Hausform, die keinen architektonisch-künstlerischen Gegensatz schuf, sondern sich dem Land einfügte und Kraft für ihr Dastehen aus der Erde entnahm.

„Die breite Lagerung auf dem Erdboden die allen diesen kubischen Bauten, selbst solchen kleinen Ausmaßes durch Gliederung und Proportionen eigen ist, bekundet die zunehmende Erdverbundenheit, den Kontakt mit der Lebenskraft des Bodens." (Müller-Wulckow, 1928, S. 6) Diese Erdverbundenheit hat Gutkind weiterentwickelt und mit dem starken Ausdrucksmittel der künstlerischen Fassadengestaltung im Baustoffwechsel umgesetzt. Wände, hinter denen bewohnte Räume liegen, sind weiß verputzt. Der Dachboden, die Treppenhäuser zeigen Wände im Rohbau. (Abb. 15) Diese Verteilung schwerer und leichter Farben läuft der überkommenen Anschauung, daß der Sockel nicht heller sein darf als das aufgehende Mauerwerk, stark entgegen. (Gutkind E. A., 1925, S. 3) Auch hier wird wieder der bewusste Bruch mit Bestehenden und Gewohnten deutlich.

Dieser Bruch setzt sich auch in den Details fort. „Ein fein empfindender Architekt wird daher bei größeren Aufgaben mit vollem Recht seine eigenen Normalien vorziehen. Der Reiz der Siedlung beruht zu einem nicht geringen Teil auf der Wahl der Fensternormen, bei denen die waagerechte Sprossenteilung ein niedriges Verhältnis der einzelnen Fensterscheiben" (Platz, 1927, S. 148) ergibt als beim deutschen Normalfenster. „Wenn Fenster mehr als das doppelte Höhenmaß zur Breite haben, wenn gar der eine Flügel halb so breit ist als der andere, wenn in dem breiteren die Scheiben schmale Streifen werden, so stehen wir hier [...] vor einem ganz anderen Aufnehmen der Gleichgewichtsverhältnisse." (Gutkind E. A., 1925, S. 3 f.) Nicht ganz selten werden diese Formen als schlechthin unerträglich empfunden und mit Leidenschaft so bezeichnet. Sieht man aber in die Geschichte der Kunst zurück [...] so sieht man einen ebenso starken Wandel in der Beurteilung des Statischen. Die ungemein scharfen Gegensätze alternder und neu heraufkommender Künstler geben der Kunstkritik den ewigen Stoff ihrer Tätigkeit. (Gutkind E. A., 1925, S. 4) „Die Kunstkritik kann nun einmal nur zu Bestehendem Stellung nehmen, das Entstehende aber günstigstenfalls rechtzeitig erkennen. Das sollte man aber auch verlangen dürfen." (Gutkind E. A., 1925, S. 4 f.)

Gutkind entwickelte daraus eine Formensprache, die er konsequent in seinen Folgebauten verfolgt und weiterentwickelt. Die prägenden Elemente waren das Zusammenspiel von kubischen Formen, glatten Fassaden mit unverputzten Ziegelflächen, flachen

Dächern, Treppentürmen, der Reduktion des umbauten Raumes, liegenden Fenstern und expressiver Fassadengestaltung.

5.2.2 Kubus und Figur

Schon 1919 formulierte Gutkind, wie er sich den Baukörper eines Hauses musterhaft vorstellt: „Das einzelne Haus bekommt als selbständiger Baukörper größere Bedeutung. Es besteht einzeln für sich als Hauptkörper mit Anbauten". Das eigentliche Wohnhaus ist [...] der bestimmende Kern, die ausschlaggebende Form der Anlage. Es beherrscht die Stallbauten oder auch Wirtschafts- und Geräteschuppen, die entweder Anbauten oder selbständige Baukörper sind." (Gutkind E. , 1919b, S. 250)

Dieser Maxime folgend gestaltet er seine ersten Bauten. Die äußere Gestaltung folgt im Wesentlichen den Grundrissen der Räume und selbst in der Höhe allein den notwendigen Raumerfordernissen. Durch seine Addition von Räumen (Hierl, 1992, S. 67 f.) (Güttler, 2002, S. 144 f.) und die abgestufte Bauweise gelingt es ihm, den umbauten Raum auf ein absolutes Minimum zu reduzieren. Beim Entwurf, in dessen Zentrum sich die Wohnräume befinden, ging Gutkind streng logisch vor. Im Kern entsteht ein Kubus, der in der Mitte durch eine Trennwand in zwei gleiche Teile geteilt wird: den beiden DHH. Jede DHH wird durch eine weitere Wand in zwei etwa gleich große Räume geteilt: So entsteht straßenseitig und gartenseitig jeweils ein Raum. Diese Teilung erstreckt sich in gleicher Weise über alle drei Geschosse. Zur Erschließung der Wohnungen werden seitlich in der straßenseitigen Bauflucht Eingangsbereiche als Erweiterung angesetzt. Diese werden in der Breite und in der Höhe soweit vergrößert, dass sie in ihrer Erweiterung auch als Treppenhaus der Erschließung der oberen Geschosse dienen. In seiner Tiefe wird der Anbau um einen Zugang zum Garten erweitert. Durch die aus der Breite des Treppenhauses resultierende Dimension ergibt sich die Möglichkeit, neben dem Zugang zum Garten zusätzlich eine kleine Kammer einzurichten. Die auf das erforderliche Minimum beschränkte Erweiterung hat gegenüber dem Hauptbau eine geringere Tiefe und wirkt bewusst wie angesetzt. Auch in der Höhe differenziert Gutkind seine Räume. Bereits das nicht für Wohnzwecke vorgesehene Dachgeschoss fällt gegenüber den Wohnräumen niedriger aus.[97] Die Höhe des Treppenhauses ist in sich differenziert, erstreckt sich auf das jeweils erforderliche Maß begrenzt. Durch diese Differenzierung nähert sich das Treppenhaus in zwei Stufen der Höhe des Hauptbaus, ohne diese zu

---

[97]   Ein eingezogenes Halbgeschoss (Drempelgeschoss bzw. Kniestock).

erreichen. Dadurch entstehen hier diese für Gutkind so typischen angesetzten und abgestuften Treppentürme, die sich in vielfacher Ausprägung bei seinen späteren Bauten wiederfinden. (Bucciarelli, 1998, S. 50) Dieses Stilelement zeigt klar den Einfluss der De Stijl Bewegung auf die Entwürfe Gutkinds. Komplettiert wird der Bau durch das Hinzufügen eines „Wirtschaftsflügels" an das Treppenhaus, in dem sich eine Kammer und ein Stall befinden. Der Anbau orientiert sich in der Höhe am Erdgeschoss des Hauptbaus, in seiner Breite an dem unmittelbar Notwendigen und in seiner Tiefe am Treppenturm. Durch seine langgezogene Form verstärkt der Anbau die beabsichtigt „liegende" bzw. „ruhende" Wirkung des Baus. „Die Flächigkeit der Fassaden verstärkt die kubische Wirkung des Baukörpers" (Müller-Wulckow, 1928, S. 7) „und die breite Lagerung auf dem Boden – selbst bei kleinen Bauten – betont die Erdverbundenheit." (Müller-Wulckow, 1928, S. 58) Zugleich wird durch das „Ausklinken" von nicht notwendigerweise umbautem Raum und die Verklammerung von Kuben eine optische Wirkung erzielt, die sich wie ein rotes Band durch die Entwürfe Gutkinds zieht und eines seiner Markenzeichen wird. (Bucciarelli, 1998, S. 25) Diese Herangehensweise erlaubt es ihm später auch auf ungünstigen Geländezuschnitten attraktive Lösungen zu gestalten. (Bucciarelli, 1998, S. 26)

Die zum Lebensbereich gehörenden Räume, wie Wohn- und ggf. Arbeitszimmer, Küche und Wirtschaftsräume, befinden sich im Erdgeschoss auf einer Ebene. Die zum Ruhebereich gehörenden Schlafräume befinden sich davon abgetrennt im Obergeschoss. Als Stau- und Lagerraum stehen Keller (lediglich der Hauptbau ist unterkellert) und das Dachgeschoss zur Verfügung. Damit ist Gutkind, was die Baugestaltung und die horizontale und vertikale Raumaufteilung angeht, selbst der Industriearchitektur jener Jahre weit voraus. Diese prinzipiellen Überlegungen der modularen Raumkombination und der damit möglichen optimalen Arbeitsorganisation finden im Schaltwerkhochhaus von Hans Hertlein[98] in Berlin Siemensstadt 1930 seine Entsprechung. (Abb.16)

5.2.3 Raumaufteilung/Grundriss

In Gutkinds Buch „Neues Bauen" beschreibt Effenberger wie sich der ideale Grundriss zu verhalten habe, um ein wirtschaftliches Bauen zu ermöglichen: „Der Wohnungsgrundriß muß klar und von einfachster Teilung sein. Je mehr sich der Grundriß dem

---

[98] Hans Hertlein (* 2. Juli 1881 in Regensburg; † 13. Juni 1963 in Mammern, Schweiz); Architekt, seit 1915 Leiter des Bauwesens im Siemens-Konzern.

Quadrat nähert, je geringer ist der Umfang der raumbegrenzenden Umfassung. Dies wird sich in den Baukosten bemerkbar machen. Andererseits ist die Tiefe des Hauses begrenzt durch die Möglichkeit der Lichtzuführung." (Effenberger, 1919, S. 218) Die von Gutkind veröffentlichen Grundrisse (Gutkind E. A., 1926, S. 8) (Abb. 17) scheinen sich an diesen Vorgaben zu orientieren und stimmen im Wesentlichen mit den tatsächlichen Maßen überein.[99]

Jedes Doppelhaus besteht aus zwei gleich großen Wohnungen. Nach Angaben des Architekten besteht jede dieser Wohnungen aus „3 Stuben, Kammer, Küche, Bad und Zubehör." (Gutkind E. A., 1926, S. 7) Dabei sind die 3 Stuben und die Küche annähernd gleich groß. Die von ihm beschriebene Raumaufteilung deckt sich nur teilweise mit den Angaben in seinem Grundriss. Dort sind für das Erdgeschoss eine Küche und ein Zimmer und im Anbau eine Kammer und ein Stall (wohl unter Zubehör zu verstehen) eingezeichnet. Im Obergeschoss befinden sich dann lediglich zwei Zimmer. Eine Differenzierung der Größe oder Lage der Räume je nach Nutzungszweck wurde also nicht gemacht. So zeigt sich auch hier wieder, dass Gutkind eben mehr Künstler als Architekt war. Bei seinen Entwürfen ordnen sich dann auch die Grundrisse, ja das Wohnen und das Wohngefühl selbst dem künstlerischen Entwurf unter. (Posener, 1992, S. 6) Die Raumgrößen mit ca. 15 qm für die Wohnbereiche erscheinen nach heutigen Maßstäben gering. Das erwähnte Bad tauchte zudem im Grundriss nicht auf und auch eine Toilette schien es ursprünglich nicht gegeben zu haben. Für den Einbau von Bad und Toilette blieb nur eine ca. 1 qm große Kammer im Erdgeschoss des Treppenhauses, die später tatsächlich als Toilette genutzt wurde. (Hierl, 1992, S. 34) Neben der Kammer gehörte auch der Geräteschuppen zum Anbautrakt und hatte zweckmäßiger Weise einen direkten Zugang zum Garten.

Die Aufteilung des Obergeschosses entsprach im Wesentlichen der des Erdgeschosses (Haupthaus und Treppenhaus). Das über dem Obergeschoss befindliche Dachgeschoss war offensichtlich nicht für Wohnzwecke konzipiert, da es wie bereits erwähnt, nur eine geringe Deckenhöhe aufwies und zudem gartenseitig keine Fenster besaß, sondern Lüftungsluken im Dach. Diese Luken dienten neben der Belüftung und Belichtung des Raumes auch als Zugang zum Dach und zum Schornstein. Für dieses

---

[99] Siehe hierzu: Zeichnungen des Architekturbüros 3PO. Lediglich bei der Raumbreite, die Gutkind mit 2,50 m angegeben hat, aber tatsächlich 3,35, bzw. 3,38 m beträgt, gibt es Abweichungen. Die Skizze von Gutkind ist nicht maßstäblich: Die eingetragenen Maße der Raumbreiten stimmen nicht mit Dimensionen der Zeichnung überein. Maßstäblich müsste die Raumbreite bei ca. 3,6 m liegen, was in etwa dem tatsächlichen Maß entspricht.
Siehe dazu Anlage 3: Vergleich der Grundrisse von Gutkind (1926) und denen der Architektengemeinschaft 3PO 2008.

Geschoss und dessen vorgesehene Nutzung liegen keine historischen Pläne vor. Die zur Lüftung und Beleuchtung dienenden Satteloberlichter sind nur auf einer Fotografie erkennbar – jedoch wurden diese nachträglich hineinretuschiert. (Abb. 18 und 2) Hierl geht davon aus, dass hier „die Idee vom Dach als fünfter Fassade verwirklicht worden zu sein" scheint. (Hierl, 1992, S. 36)

Interessant ist in diesem Zusammenhang auch die Frage nach der Genehmigungs-fähigkeit der Gebäude. Nach der seinerzeit geltenden Bauordnung vom 30.09.1920 war in dem Planungsgebiet höchstens eine zweigeschossige Bebauung erlaubt. (Heiligenthal, 1926, S. Abb. 11, Plan D) „So daß man davon ausgehen kann, daß ein Dispens erteilt wurde. Möglicherweise erklärt sich von daher die Ausbildung des Dachgeschosses, das zwar von der Höhe her ein weiteres Vollgeschoss darstellt, aber aufgrund der fehlenden Befensterung nur wie ein konventionelles Steildach mit untergeordneten Bodenräumen genutzt werden kann: während der gartenseitige Raum lediglich über das Satteloberlicht belichtet ist, hat der straßenseitige Raum nur einen um die Ecke geführten Fensterschlitz." (Hierl, 1992, S. 36)

5.2.4 Farbigkeit, Materialität und Fassadengestaltung

Für Gutkind war die Farbigkeit seiner Bauten ein wesentliches gestaltendes Element. Sowohl in seiner Dissertation[100] als auch in späteren Veröffentlichungen maß er der Farb- und Lichtgestaltung im Bauen eine wichtige Rolle zu: „Ein noch fast ganz ungenutztes Mittel muß sich dem Bilde Berlins einfügen – die Farbe. Diese furchtbare Angst vor der Farbe. Das Leben ist bunt und nicht grau; es kann eine Freude sein und braucht nicht lange als ewige Trauer zu erscheinen. Daher Farbe, Farbe und nochmals Farbe, und gerade auch an den Stätten der Arbeit. Selbstverständlich genügt auch die Farbe noch nicht, um einen Wandel von innerer Bedeutung zu schaffen." (Gutkind E. A., 1922, S. 84) Er stand mit seiner Sichtweise nicht allein. In den Mitunterzeichnern des „Aufruf zum farbigen Bauen!" 1919 fand er zahlreiche Gesinnungsgenossen[101]: „Die vergangenen Jahrzehnte haben durch ihre rein technische und wissenschaftliche Betonung die optische Sinnesfreude getötet. Grau in graue Steinflächen traten an die Stelle farbiger bemalter Häuser. [...] Das Publikum hat heute Angst vor dem farbigen Haus [...] Wir Unterzeichner bekennen uns zur farbigen Architektur". (Zehder, 1919)

Die Siedlung „Neu-Jerusalem" lebt von dem Widerspruch der Einheitlichkeit der

---

[100]   (Gutkind E. A., 1915, S. 6, 90)

[101]   Mitunterzeichner waren u. a.: Bruno Ahrends, W. C. Behrend, Peter Behrens, Karl Elkart, Walter Gropius, Paul Mebes, Bruno Möhring, Hans Poelzig, Scharoun, Paul Schmitthenner, Bruno und Max Taut, Martin Wagner, Bernhardt Kampffmeyer.

Bauweise im Gegensatz zur Vielfältigkeit der Farbgestaltung, was durch die darauf in Form und Farbe abgestimmte Vorgartengestaltung noch gesteigert wird. Gutkind sprach von Straßenbildern und beschrieb seine Intention in seinem Buch „Neues Bauen" 1919 so: „Ruhe und Langeweile auf der einen, Lebhaftigkeit und Unruhe auf der anderen Seite sind nun aber nicht weit voneinander entfernt. Daher müssen wir darauf bedacht sein, Langeweile und Unruhe zu vermeiden, Ruhe und Lebhaftigkeit aber deutlich auszudrücken." (Gutkind E. A., 1919, S. 252) „Ruhe und Lebhaftigkeit: Da hat er, lange bevor sie verwirklicht wurden, für seine eigenen Arbeiten das Motto geschrieben: denn eben dies empfindet man, wenn man seine Wohnhöfe und Wohnstraßen ansieht: sie sind zu großer Form zusammengefaßt, also ruhig, aber niemals langweilig, vielmehr sind sie durchaus lebhaft gegliedert, ohne unruhig zu werden. Gutkind hat Anordnungen, Farben (den Gegensatz zwischen rotem Backstein und weißen Putzflächen), Formen und Einzelheiten zu einem eigenen Vokabular entwickelt, das er in seinen reifen Arbeiten wiederholt." (Posener, 1968, S. 407)

„Ein Haus auf dem Lande soll immer den Eindruck auf den Hinzukommenden und die ständige Wirkung auf die Bewohner ausüben, als ob es gleichsam durch die Erdoberfläche von unten durchgestoßen ist und als ob die Erde noch ein kurzes Stück als Hauswände mit emporgeschoben hat." (Gutkind E. , 1919b, S. 251) Gutkind realisiert diese Vorstellung durch die künstlerische Wirkung des Baustoffwechsels. (Gutkind E. A., 1925, S. 2) Die Umkehrung von Putzflächen für die unteren Bereiche des Hauses und Sichtziegel für den oberen wurde bereits von Mendelsohn 1922 angewandt,[102] doch Gutkind machte daraus einen Teil seines Vokabulars, das sich in späteren Bauten immer weiter konkretisiert. „Wände, hinter denen bewohnte Räume liegen, sind weiß geputzt. Der Dachboden, die Treppenhäuser zeigen Wände im Rohbau. Diese Verteilung schwerer und leichter Farben läuft der überkommenen Anschauung, daß der Sockel nicht heller sein darf als das aufgehende Mauerwerk, stark entgegen. [...] Dies widerspricht dem Gewohnten." (Gutkind E. A., 1925, S. 2) Die Differenzierung in der Fassadengestaltung wird durch die Verwendung von unterschiedlichem Material verwirklicht.

In der „Restauratorischen Befunderhebung" (Teufel, 2008, S. 8 ff.) wird der Original-zustand des Hauses wie folgt beschrieben:[103] Das Haupthaus ist unterkellert. Das Fundament des gesamten Hauses besteht aus Ziegelsteinen. Darauf erheben sich

---

[102]   Siehe auch Kapitel 6.1: Vorbilder.

[103]   Fehlende, ungenaue oder falsche Angaben wurden durch den Autor richtiggestellt.

Haupthaus, Treppenhaus und Anbau aus Schlackestein-Mauerwerk, wobei die Außenmauern zweischalig ausgeführt werden. Das Haupthaus ist im unteren Bereich mit Kalkputz und Kalkanstrich gefasst und im oberen Bereich mit Sichtziegelwerk im Läuferverband verkleidet. Der Anbau schließt mit einer achtreihigen Attika aus Sichtziegeln (sieben Reihen im Läuferverband und die oberste Reihe im Binder-verband) ab. Da die Sichtziegel keiner genauen Untersuchung unterzogen werden, lässt sich nicht sagen, ob es sich hierbei um Vormauerziegel[104], oder Klinker handelt. Ein viereckiges Entwässerungsrohr des Haupthaus-Daches, welches auf der Garten-seite verborgen in der Ecke zwischen Haupthaus und Treppenhaus verläuft, erhält einen Zulauf vom Dach des Anbaus, etwa auf Höhe der Mitte der Attika. Die Regenrohre zur Entwässerung des abgestuften Daches des Treppenhauses verlaufen innenliegend.[105] Die Wahl eines viereckigen Regenrohres ist mit Bedacht gewählt worden, um die Flächigkeit der Fassadengestaltung so wenig wie möglich zu beeinträchtigen. Hier zeigt sich wieder, wie sehr Gutkind Künstler war. Die Wahl und Lage der eckigen und verdeckt innenliegenden Regenrohre zeigt wie detailverliebt mit dem kubischen Gesamteindruck umgegangen wird, um den diesen nicht zu beeinträchtigen.

Der Baukörper ist durch einen verputzten hellgrau gefassten Querriegel (Erdgeschoss des Haupthauses, des Treppenhauses und der Anbauten) und sich darauf vertikal er-hebenden Kuben aus rotem Sichtziegel strukturiert. Der Spritzsockelbereich ist um-laufend mit grau-grünen Sichtbetonplatten eingefasst, die durch weißen Fugenstrich akzentuiert sind. In der rotbraunen Fassung der Eingangstüren wird die Farbigkeit des Ziegels wieder aufgenommen. Die Türen der Straßenseite und der Anbaustirnseite liegen in flach rückspringenden Nischen: Die an der Straßenseite war wahrscheinlich ockerfarben gefasst. Ob die Farbfassung der Nischen der einzelnen Doppelhäuser unterschiedlich war, ist möglich und nach historischen Schwarz-Weiß-Fotos zu vermuten, ließ sich aber nicht nachweisen, da der Verputz nicht mehr existiert. Ähnlich verhält es sich bei der Farbfassung der Nischen an der Anbaustirnseite, die ebenfalls mangels Originalfunden nicht mehr rekonstruierbar ist.[106] Die ersten seitlichen Zu-gänge wurden schon in den 1930er Jahren zugemauert. Außerdem ist auf histo-rischen Fotos erkennbar, dass die Putzwürfel zwischen den Fenstern im Ober- und

---

[104]   Vormauerziegel sind Ziegel deren Frostbeständigkeit durch Prüfung nachgewiesen ist.

[105]   Ob auch ein außenliegender Zulauf vom oberen Dach des Treppenturms existierte, ist aufgrund der schlechten Bildqualität nicht zweifelsfrei zu klären.

[106]   Auch aus den beiden noch vorhandenen Nischen an den Häusern Heerstraße 645 B und 655 B lassen sich keine Erkenntnisse gewinnen. (Katamon G.m.b.H., 2000, S. 100 ff. und 210 ff.) Auf allen vorliegenden historischen Abbildungen sind die Nischen im Farbton des Haupthauses und Anbaus (weiß) gehalten.

Dachgeschoß farbig abgesetzt waren.

Auf einer Aufnahme ist erkennbar, dass die Fassung der Türnischen an den Eckwürfeln wiederkehrt; auf dem Foto eines anderen Hauses entspricht der Dunkelwert der Nischenabsetzung dem der Ziegelfassade und differiert eindeutig von dem Eckwürfel. Auch wenn die Farbzusammenstellung willkürlich wirkt, so ist doch festzustellen, dass diese Farbkombinationen jeweils für eine Häusergruppe gleich sind. So wird eine farbliche Differenzierung nach Straßenzug und Straßenseite vorgenommen worden sein.

Die zweiflügligen Sprossenfenster (im Anbau einflüglig) bestehen aus Holz. Als erster Anstrich auf den Fenstern konnte eindeutig ein Grau ermittelt werden, was sich mit den Fotos von 1925 deckt. Allerdings ist dieser einschichtige Anstrich nur sehr dünn, was vermuten lässt, dass es sich hierbei um einen ersten Anstrich handeln könnte, der schon bald verändert wurde.

Die Eingangstüren sind ebenso wie die Fenster aus Holz. Die Türen von der Straße und vom Garten sind außen mit Metallplatten verkleidet. Die Tür an der Anbaustirnseite ist eine unverkleidete Holztür, wie sich auf historischen Bildern erkennen lässt. Erschlossen werden Vorder- und Hintertüren über mehrstufige Freitreppen aus Beton, deren Wangen, wie der Sockel des Hauses mit glatten Sichtbetonplatten verkleidet sind.[107]

5.2.5 Dach

Das flache Dach war eines der prägenden Stilelemente der Gutkindbauten. Jahre später werden unter den Leitungen von zwei Wohnungs-Gesellschaften[108] Siedlungen gebaut, die in einer eigentümlichen Stereotype stellvertretend lange Zeit viele Gemüter entzündet: Steiles Dach gegen flaches Dach. Der sogenannte „Dächer-Krieg" spaltet die Volksmeinung und die Architektenschaft.[109]

Das Thema selbst ist uralt – die ideologische Kontroverse jedoch wird neu erfunden. Schon immer besaß das Dach fast ausnahmslos eine gewisse Neigung. Zunächst hat der Unterschied funktionelle Gründe. In Mittelmeerraum, wo weder viel Schnee noch Regen fallen, muss ein Dach keine starke Neigung haben, um Niederschläge besser

---

[107]   Die Anzahl der Stufen variiert von Bau zu Bau und ist abhängig vom umliegenden Terrain.

[108]   Gemeinnützige Aktien-Gesellschaft für Angestellten-Heimstätten (GAGFAH) gegen die Gemeinnützige Heimstätten-, Spar- und Bau-Aktiengesellschaft, (GEHAG).

[109]   http://www.deutscherwerkbund-nw.de/index.php?id=340, Abfrage: 16.11.2013, 22:16 Uhr.

abführen oder Schneemassen standhalten zu können. Das flachere Dach hat auch den Vorteil, dass mehr nutzbarer Raum im Dachgeschoss entsteht. So entstehen vor allem im Mittelmeerraum Häuser, in denen die kubische Gestalt gegenüber der Schräge des Daches dominiert. Diese kubische Form erhält in Jahrhunderten eine ästhetische Wertschätzung. Im 18. Jahrhundert werden monumentale Bauten zunehmend, meist unter italienischem Einfluss, mit Flachdächern gebaut. Der königlich-preußische Oberbaudirektor Friedrich Schinkel, der in Preußen stilprägend wirkt, ist ein Architekt des flachen Daches. Es ist schwach geneigt. Eine über die Fassaden herausragende Mauer (Attika) umgibt das Dach und versteckt es, so dass die Neigung nicht sichtbar wird. Dadurch wirkt der Bau-Körper als Kubus. Das flache Dach wird ermöglicht durch neue Bautechniken, vor allem durch eine erheblich verbesserte Statik durch die Verwendung von Baustahl und Stahl-Beton. So kann das Gebäude auch das Gewicht größerer Schneelasten tragen.

Die Gegner greifen diese neue Bauweise mit Vorurteilen auf der nationalistischen Schiene an: Sie denunzieren Gebäude mit flachen Dächern als „Araber-Häuser".[110] Sie schlachten die „Kinder-Krankheiten" der neuen Technologie aus und behaupten nur die Schräge habe eine Dauer bis in alle Ewigkeit. Die Dach-Formen werden ideologisch besetzt mit der polarisierenden Behauptung von Fortschritt – oder Rückschritt. Ein Dächer-Krieg wird symbolisch ausgetragen. (Huse, 1987) Er breitet sich im Volk weit aus, weil er besonders banal und daher für Vorurteils-Schlachten leicht verwertbar ist und läuft über viele Jahrzehnte. Für die Nationalsozialisten vor 1933 – und erst recht nachher – macht sich die Gegnerschaft gegen das »Neue Bauen« rhetorisch besonders zündend am Flachdach fest. Der Streit läuft auch nach 1945 noch Jahrzehnte weiter bis sich die meisten Menschen langsam daran gewöhnt haben, dass andere Bauaufgaben und Bautechniken auch zu anderen Formen führen können. Somit hat sich die ideologische Aufladung verbraucht. Es wird erkennbar, dass es sich um zwei Konzepte handelt, die beide benutzbar sind jeweils mit konkreten Vor- und Nachteilen.[111]

Auch Gutkind und seine Bauten blieben von diesem „Dächer-Krieg" nicht unberührt. Dass er von den Nationalsozialisten als „Kulturbolschewist" beschimpft, hat ihn sehr verletzt und er hat dies zeitlebens nicht verwunden. Auf der anderen Seite wurden er und seine Bauten auch von der jüdischen Presse instrumentalisiert, die sich nicht

---

110   Siehe auch Kapitel 10: Namensgebung.
111   Deutscher Werkbund Nordrhein-Westfalen. 1927: der „Dächer-Krieg" :http://www.deutscherwerkbund-nw.de/index.php?id=340

weniger drastisch zu Wort meldet. (Osborn, 1931)[112][113]

5.3 Kritik an den Bauten – Qualität der Bauausführungen

Die Gutkind-Bauten fanden in der Fachpresse ein überwiegend positives Echo.[114] Doch auch kritische Stimmen erhoben sich; insbesondere, was die die Gestaltung der Fenster anging. Diese betraf weniger die Akzeptanz des „Neuen", als vielmehr die praktische Nutzbarkeit. Die schmalen langen Fenster mit ihrer feinen Sprossung gab es den Gutkindbauten etwas Typisches, führte aber auch dazu, dass die Räume nie richtig lichterfüllt sein konnten und machten zudem das Putzen sehr aufwändig. Bereits 1927 wurde diese Sprosseneinteilung kritisch gesehen: „Täuschen wir uns aber nicht, daß die Zeit mit den kleinen Fensterscheiben aufräumt, wenn sie aus technischen und wirtschaftlichen Gründen nicht mehr notwendig sein sollten." (Platz, 1927, S. 148) Neben der Sprossenteilung war auch die Teilung der Fenster in einen großen und einen kleinen Flügel ein Kritikpunkt. Diese Teilung führte zu praktischen Problemen, so störten die ungewohnten quergestellten Fenster, „für die man doch wahrscheinlich erst die Stuben ausräumen musste, um sie zu öffnen." (Schallenberger & Gutkind, 1931, S. 13) Dies wirkte umso mehr störend, weil die Räume in den Bauten recht klein waren.

Auch das befremdliche Fehlen von Toiletten und Badezimmern führte dazu, dass vorhandene und für diese Zwecke als geeignet angesehene Räumlichkeiten dafür umgestaltet werden mussten.[115]

Um das äußere Erscheinungsbild nicht zu beeinträchtigen, wurde die Entwässerung der Dachflächen des Treppenturms durch innenliegende Rohre gewährleistet. Dadurch mussten die Rohre entlang der Wände im Treppenhaus geführt werden. Dies hatte zur Folge, dass das Treppenhaus den „Charme eines Versorgungskellers" bekam. Gesteigert wurde dieser Eindruck noch dadurch, dass lediglich schmale Fensterbänder für eine

---

[112]   Auch die jüdischen Zeitungen waren radikal in ihren Aussagen: „Die Zahl der jüdischen Baukünstler, die sich an dem siegreichen Endkampf der neuen Prinzipien und Vorstellungen mit ruhmreichen Erfolg beteiligen, ist außerordentlich groß […] Künstlertum und schöpferische Energie des Judentums sind hier hervorgetreten" (Osborn, 1931) Dabei werden dann neben Erwin Gutkind auch Arthur Korn, Leo Nachtlicht und Harry Rosenthal genannt.

[113]   Siehe auch Kapitel 10: Namensgebung.

[114]   (Grabow, 1975, S. 200, Fn. 4 und 5).

[115]   Die Bauten nördlich der Heerstraße wurden erst 1929 an die Wasserleitungen und die Kanalisation angeschlossen. (Mühl, 2012, S. 36 f.) Die Bauten südlich der Heerstraße hatten bis in die 1990er Jahre noch Klärgruben. „Da im West-Staakener Gebiet südlich der Heerstraße keine Kanalisation existiert, besteht die Gefahr, daß ungeklärte Abwässer aus defekten Abwasserauffanggruben im Boden versickern." (Urban-consult, 1997, S. 9)

Beleuchtung des Treppenhauses mit Tageslicht sorgten.

Gutkind sah sich in erster Linie als Künstler, die „Benutzerfreundlichkeit der Häuser trat hinter der schöpferischen Idee zurück." (Jäger, 2000, S. 12) Doch schien er sich der Kritik zu stellen, da er in dem von ihm mit herausgegebenem Buch „Berliner Wohnbauten der letzten Jahre" 1931 den kritischen Anmerkungen Raum gab, ohne zu versuchen diese herunterzuspielen.

Neben den rein konstruktiven Schwachstellen gab es auch eine Reihe von Mängeln in der Bauausführung. Hauptursache hierfür war die desolate Versorgungslage mit qualitativ hochwertigen und bezahlbaren Baustoffen. „Noch während der Inflation sah es ziemlich hoffnungslos aus. Es wurden damals eilig Häuser gebaut, um Sachwerte zu schaffen; ausschlaggebend war nicht der Architekt, sondern der Unternehmer, der auf Schleichwegen Baumaterialien zu erlangen verstand. Zwischen 1919 und 1923 wurden nicht Häuser für die Allgemeinheit, nicht Mietshäuser und Siedlungen gebaut, sondern fast nur Landhäuser. [...] Stümper bauten für Inflationsgewinner mit schlechtestem Material Eigenhäuser, die jetzt [1931] schon wieder zu zerbröckeln beginnen. Sie stehen als Denkmale einer seltsamen Episode an der alten Peripherie der Stadt zuhauf". (Scheffler, 1931, S. 173) So wurden z. B. die Dächer der Siedlungsbauten in Staaken aus wirtschaftlichen Gründen mit einer doppelten Papplage auf einer Holzschalung versehen. (Gutkind E. A., 1926, S. 7) Diese Bauweise erwies sich als nicht sehr haltbar und wurde nach ca. 10 Jahren durch eine beständigere Konstruktion ersetzt. Den markanten Sichtziegeln war überdies nur eine Haltbarkeit von ca. 5 Jahren vergönnt. Untersuchungen haben ergeben, dass die Hauptursache in den minderwertigen, d. h. nicht frostbeständigen Qualität der Sichtziegel gelegen hat, was zur Zerstörung der Ziegeloberfläche geführt haben soll. (Teufel, 2008, S. 6) Auch dass die Fensterrahmen nur einen einfachen Anstrich erhielten und die Fassadenfarbe bereits nach kurzer Zeit wieder abzublättern begann,[116] zeigte die „Billigbauweise". Diese qualitativen Mängel waren keine singuläre Erscheinung bei der Siedlung „Neu-Jerusalem", sondern finden sich in ähnlicher Weise auch bei anderen Gutkindbauten.[117] (Jäger, 2000, S. 12) Als Hauptgrund für die schlechte Bauausführung kann tatsächlich die von Gutkind angedeutete wirtschaftliche Lage angesehen werden. Die Siedlung "Neu-Jerusalem" wurde während, die Folgeprojekte kurz nach der Inflation gebaut. Um die Bauten trotz der schlechten gesamtwirtschaftlichen Lage zu errichten, waren

---

[116]   Landesarchiv Berlin, F Rep. 290 II 891.

[117]   Der Gutkindbau in der Thulestaße in Berlin-Pankow wurde 2000 gemäß dem ursprünglichen Konzept restauriert. „Das [...] [war] nicht ganz einfach, denn Bauausführung wie verwendete Materialien waren auch nach Maßstäben der zwanziger Jahre mangelhaft." (Jäger, 2000, S. 12)

vermutlich qualitative Abstriche unumgänglich.

„Aber auch die Umsetzbarkeit der Idee der Selbstversorgersiedlung stand zunehmend in der Kritik. Gutkind war selbst später nicht mehr von seiner Idee der Stadtrandsiedlung überzeugt. Vielmehr brachen sich die praktischen Erfahrungen der letzten Jahre und das Scheitern der DGG Bahn. Was will man mit der Stadtrandsiedlung? [...] Auf einem Stück Land von etwa 800 qm kann kein Mensch sterben und leben, kein Kurzarbeiter kann es neben seiner Arbeit noch zufriedenstellend bearbeiten, kein vollkommen Erwerbsloser kann selbst bei Zunahme von Pachtland auch nur den bescheidensten landwirtschaftlichen Nutzen davon haben. [...] Es ist die gefährlichste Romantik, mit der gespielt wird: ‚Einem jeden sein Häuschen‘. Es wird nur erreicht eine Verzettelung der geringfügigen Kapitalmengen, die uns zur Verfügung stehen." (Gutkind E. A., 1932, S. 62 f.)

5.4 Rationalisierung

Wenn auch für die Gartenstadt Staaken kurz vor dem Ersten Weltkrieg noch die Individualität der Bauten und die handwerklichen Fertigkeiten der Bauarbeiter hoch geschätzt waren, (Kiem, 1997, S. 194) so ist 10 Jahre später beim Bau der wenige Kilometer entfernten Siedlung „Neu-Jerusalem" nichts mehr davon übrig. Die Siedlung, die Migge bereits 1924 als Mustersiedlung hinsichtlich der Gartenplanung bezeichnet hat, (Migge L. , 1924, S. 427) sollte auch in der Bauausführung neue Standards setzen. Dabei wurde durch Normierung von Bauteilen und Standardisierung von Grundrissen eine Massenproduktion von Bauteilen möglich. Die damit einhergehende Vereinheit-lichung von Arbeitsprozessen sollte zur größtmöglichen Kostenreduktion führen. Diese Massenproduktion einzelner Häuser lässt sich auch auf den Bau von Wohnungen übertragen, was in konsequenter Fortsetzung zu den Großsiedlungen Ende der 1920er führt. Gutkind[118] thematisierte schon 1919 in einem Zeitungsartikel die Vorteile der Rationalisierung und Rohstoffersparnis zu Gunsten der Förderung des Wohnungsbaus. (Gutkind E. A., 1919a) Als Verwaltungsrat der „Forschungsstelle für den wirtschaftlichen Baubetrieb"[119] delegiert war er mit diesen Fragen vertraut. Er war sicher nicht der Vordenker dieser neuen Technik, aber er setzte diese theoretischen Ansätze sehr

---

[118] Damals noch als Vertreter des Reichskommissars für das Wohnungswesen und zuständig für baugewerbliche Fragen und Baustoffe.

[119] Diese Forschungsstelle kann als Vorläufer der „Reichsforschungsgesellschaft für Wirtschaftlichkeit im Bau- und Wohnungswesen" gesehen werden, die Ende der 1920er Jahre ihre Erfahrung in der Reichsforschungssiedlung in Berlin-Haselhorst umsetzte.

frühzeitig in Deutschland praktisch um. Die DHH wurden noch in Teilen nach herkömmlicher Bauart errichtet. Das Fertigteilhaus dagegen bestand gänzlich nur noch aus vorgefertigten Betonteilen, die am Bauplatz nur noch zusammengesetzt wurden.[120] Das Haus sollte in Reihenherstellung aus genormten Betonstützen, Deckenteilen und glasierten Wandplatten erstellt werden (Gutkind E. A., 1925, S. 5) und als Musterhaus für eine später beabsichtigte „fließbandmäßige" Produktion dienen. Aber dazu kam es nicht mehr.

Mit Leberecht Migge als Gartenplaner hatte Gutkind eine Idealbesetzung an seiner Seite. Migge übertrug, die Prinzipien der Rationalisierung, die Gutkind auf die Bauten anwendete, idealtypisch auf die Gestaltung der Selbstversorgergärten. Er orientierte sich sowohl bei Anlage der Gärten durch vorproduzierte Serienteile, als auch bei den Arbeitsabläufen der Nahrungsmittelproduktion an der modernen industriellen Fertigung. So konnten die Erstellungskosten so gering wie möglich gehalten werden. Außerdem sollte eine Nahrungsmittelproduktion mit denkbar geringem Aufwand zu einem größtmöglichen Ertrag bei gleichbleibender Qualität ermöglicht werden. Dafür ent- wickelte Migge den „technischen Gartentyp",[121] der ebenso standardisiert Anwendung finden sollte, wie die Standardwohnung im Wohnungsbau. Auch wenn die Anlage des typisierten „technischen Gartens" in der Siedlung in Staaken aus finanziellen Gründen nicht über das Planungsstadium hinauskam, so war der Grundgedanke dieser Planung Wegbereiter für deren spätere Verwirklichung in Dessau-Ziebigk (1926-28), Celle- Georgsgarten (1924-26), Frankfurt Praunheim (1927-28) und Heddernheim (1925-30). (Baumann, 2002, S. 232 f.) (Kassel, 1981, S. 96 ff.)

5.5 Fertigteilhaus

Obgleich die Siedlung insgesamt einen einheitlichen baulichen Charakter aufweist, existiert ein Gebäude, das sich von den anderen deutlich unterscheidet. Es handelt sich dabei um ein vorfabriziertes Fertigteilhaus, das sich im äußersten Südwesten der Siedlung befindet. Das Haus ist als Einfamilienhaus mit Flachdach konzipiert. In den ursprünglichen Gartenplanungen von Migge ist dieses Haus nicht vorgesehen. Für diesen Bereich sind ein nie gebautes weiteres Doppelhaus und daran anschließend ein Mustergarten geplant. (Baumann, 2002, S. 222, Abb. 78) (Migge L. , 1924, S. 427) Erstmals wird das Fertigteilhaus 1925 als Siedlungshaus in Staaken – im Bau befindlich –

---

[120]   Siehe auch Kapitel 6.7: Fertigteilhaus.
[121]   Siehe auch Kapitel 7.3: Gartengestaltung.

vorgestellt. Abgebildet wird ein Modell des Flachbaus, ergänzt durch die Grundrisse von Erdgeschoss und Obergeschoss. (Abb. 19 und 20)

Das Haus wird auf dem Gelände, das für das niemals erbaute Doppelhaus 43-44 vorgesehen war (Berliner Adressbuch, 1919 ff.) ca. 1932 erbaut – demnach lange nach der Fertigstellung aller anderen Siedlungsbauten.[122] Der Bau erfolgte zu einer Zeit, die wieder durch große wirtschaftliche Not in der Bevölkerung und Sparzwänge der öffentlichen Wohnungsbauprogramme geprägt ist. Da es keine Aufträge mehr für Wohnsiedlungen gab, wandten sich die Architekten neuen Konzepten zu. Beginnend mit der Weltwirtschaftskrise 1929, fanden in den Folgejahren zahlreiche Ideen-wettbewerbe und Ausstellungen statt,[123] die sich vordergründig dem Bau von Wochen-endhäusern widmeten, tatsächlich aber Grundlagen für preisgünstige seriell erstellbare Häuschen im Grünen waren. Gutkinds Entwurf aus dem Jahre 1925 war wieder seiner Zeit um Jahre voraus und erfüllte bereits Mitte der 1920er Jahre alle diese Forderungen und wurde vor dem Hintergrund dieser Entwicklung letztlich 1932 verwirklicht. Es wird von den Bewohnern der Siedlung noch heute als Musterhaus bezeichnet.[124]

Es handelt sich somit um eines der letzten von Gutkind umgesetzten Bauvorhaben. Im Entwurf stellt es den Beginn und in der Verwirklichung den Schlusspunkt einer Entwicklung dar, die mit Siedlungsbauten begann und über komplexe Wohnanlagen zu einfachen Wochenendhäusern zurückführte. An diesem Punkt knüpfte das Fertig-teilhaus auf eigentümliche Art wieder bei den Ursprüngen des Schaffens von Gutkind an, bevor er ins Exil ging. (Hierl, 1992, S. 191 ff.)

Da sich das Haus hinsichtlich seines beabsichtigten Verwendungszwecks, seiner Bauweise, seines Grundrisses, seines Bauzeitpunkts und seines Baustils[125] klar von den anderen Bauten der Siedlung abgrenzt, kann es nicht in direktem Zusammenhang mit der Siedlung als solche betrachtet werden. Vielmehr ist davon auszugehen, dass das Haus aufgrund des vorhandenen und nicht genutzten Baugrundes dort gebaut wurde,

---

[122]   In „Haberlandts Bauen-Nachweis" der Jahre 1925-1930 ist das Haus nicht vermerkt. Im Berliner Adressbuch taucht es ab 1933 als Haus 38a auf. (Berliner Adressbuch, 1919 ff.) Auch Frau Berg (die heutige Bewohnerin) berichtet, dass das Haus erst in den 1930er Jahren gebaut wurde.

[123]   „Das Eigenheim" (1930), „Das wachsende Haus" (1931), „Häuser zu festen Preisen" (1932), „Sonne, Luft und Haus für alle (1932). An der letztgenannten Ausstellung beteiligte sich auch Gutkind mit eigenen Objekten: „Haus im Gebirge", Haus am Wald", Haus am See", „Haus auf der Wiese" (gemeinsam mit Adolf Rading). (Hierl, 1992, S. 209)

[124]   Dass es sich dabei um ein Musterhaus handelt ist in der Literatur nicht belegt. Jedoch lässt der Gartenplan von Migge von 1924 darauf schließen, der am ursprünglichen Haus einen Mustergarten geplant hatte. (Migge L. , 1924, S. 427 Abb. 95)

[125]   Die Doppelhäuser rechnet Hierl der Amsterdamer Schule zu, während er die künstlerische Gestaltung des Fertigteilhauses der Rotterdamer Schule zuordnet. (Hierl, 1992, S. 41) Diesem bewussten Nebeneinander der Baustile wird vom Landesdenkmalamt eine besondere architekturhistorische Bedeutung zugemessen. (Ochs, 1999)

um einen weiteren theoretischen Ansatz von Gutkind umzusetzen.

Ursprünglich hatte dort eine Familie gewohnt, die eine Art Verwalterrolle wahrnahm. Die Familie ging später nach Hameln.[126] Das Haus verfügte damals bereits über eine Zentralheizung und ein Telefon.[127] Noch vor dem Krieg wurde unter dem Haus der Keller zum Luftschutzkeller ausgebaut. Nach dem Krieg wurden dort Flüchtlinge untergebracht. Bis zu vier Familien sollen dort gewohnt haben. Um alle Zimmer und das Bad beheizbar zu machen, wurden dort sechs Öfen mit separaten Kaminen eingebaut. Durch den Mauerbau 1961 wurden die Häuser im nahen Grenzstreifen abgerissen. Einer Staakener Familie, deren Haus abgerissen wurde, wurde das Haus Heerstraße 655 E als Entschädigung überlassen. Frau Berg kaufte 1983 mit ihrem Mann das Haus. Es war zu diesem Zeitpunkt durch Anbauten wie Garage und Veranda schon stark verändert. Der Zustand des Hauses war in einem jämmerlichen Zustand.

Frau Berg und ihr Mann investierten jede Mark in den Erhalt des Hauses. Dabei waren sie immer bemüht, den Stil des Hauses nicht zu verändern und Details zu erhalten (Fenster wurden restauriert und zwei angebaute Schornsteine abgerissen. Nach der Wende wurden die Kastenfenster mit Holzrahmen und Sprossung durch Kunststoff-Isolierglasfenster ersetzt. Danach wurden auch die Anbauten (z. B. Garagen) gebaut bzw. erneuert. Als die Siedlung 1995 unter Denkmalschutz gestellt wurde, gab es Probleme mit der Denkmalschutzbehörde wegen der Veränderungen. Frau Berg konnte jedoch belegen, dass alle Veränderungen vor der Unterschutzstellung vorgenommen wurden. Durch das „forsche" Auftreten der Behörde wurde das Vertrauensverhältnis zu dieser nachhaltig gestört. Die Erhebung der Katamon G.m.b.H stellte 2000 fest, dass das Haus im Laufe der Jahrzehnte mehrfach umgebaut worden ist. Weder über den ursprünglichen Zustand, noch über die Umbauten liegen Unterlagen vor. (Katamon G.m.b.H., 2000, S. 227) Ohne eine Bauaufnahme ist heute nicht mehr feststellbar, wie viel von der Originalsubstanz noch vorhanden ist. Die Untersuchung dieses Gebäudes und seiner baugeschichtlichen Bedeutung muss einer gesonderten Erforschung vorbehalten bleiben.

---

[126]   Zeitgenössische Fotografien oder Dokumente des Fertigteilhauses sind sehr selten. Frau Berg konnte einige zur Verfügung stellen. (Abb. 21). Die junge Frau auf dem Foto von 1937 ist die Tochter des damaligen Verwalters. Frau Berg hatte noch brieflichen Kontakt mit der Familie und einige Fotos erhalten. Auf diesen Fotos sieht man, dass es damals bereits eine Zentralheizung und ein Telefon im Haus gegeben hat

[127]   Dieses Haus hatte als eines der wenigen Häuser der Siedlung ein Telefon. (Berliner Adressbuch, 1919 ff.)

6 Die Freiraumgestaltung der Siedlung

6.1 Die Selbstversorgersiedlung

Leberecht Migge zählte zu den reformerischen Gartenarchitekten des frühen 20. Jahrhunderts, die den sozialen Aspekten der Gartenarchitektur mit zum Durchbruch verholfen haben. Bereits seit 1910 fertigte er Entwürfe für Freilandgestaltung von Gartenstädten an. Unter dem Eindruck der als „Steck- oder Kohlrübenwinter" bekannt gewordenen Hungersnot im Deutschen Reich im Kriegswinter 1916/17 entwickelte er die Idee der Selbstversorgersiedlung. (Baumann, 2002, S. 8) Danach sollten künftige Siedlungen mit so viel Gartenland ausgestattet sein, dass die Familien dort genug Lebensmittel anbauen konnten, um nicht hungern zu müssen. Seine Thesen veröffentlichte er 1919 in seinem Buch „Jedermann Selbstversorger". (Migge L. , 1919, S. passim) Nach seiner Ansicht reichten 400 qm aus, um eine fünfköpfige Familie zu ernähren. Über Bedarf produzierte Erträge sollten auf dem Markt verkauft werden, um ein zusätzliches Einkommen zu erzielen. Diese Spekulationen erwiesen sich als zu optimistisch. Ein intensiver Landbau kann von der berufstätigen und im Gartenbau unerfahrenen Arbeiterbevölkerung weder zeitlich noch fachlich realisiert werden. Migge wurde daher auch heftig für seine Veröffentlichung kritisiert. (Baumann, 2002, S. 218) Nach Überwindung der Inflation 1924 stabilisierte sich die allgemeine wirtschaftliche Lage im Deutschen Reich erheblich. Dies machte die Idee der Selbstversorgergärten nun endgültig entbehrlich.

Migge wandte sich in der Folgezeit Freiraumkonzepten von Großsiedlungen zu und arbeitete mit einigen der bedeutendsten Architekten der 1920er Jahre zusammen.[128] Sein Bestreben war, möglichst den gesamten Raum zu planen, was er bis auf Gestaltung von gemeinschaftlichen Dachgärten ausdehnte. Neben den individuell genutzten Bereichen (Hausgärten) widmete er sich besonders den Gemeinschaftsflächen und Funktionsbereichen wie, z. B. Kinderspielplätzen, Ruhebänken, Promenaden, Müll- und Kompostflächen.

---

[128] Z. B. mit Otto Bartning, Fred Forbat, Walter Gropius, Hogo Häring, Otto Haessler, Hans Hertlein, Ernst May, Hans Scharoun, Bruno Taut, Martin Wagner.

6.2 Migge und Gutkind – zwei Wegbereiter der Moderne

Gutkind gehörte wie Migge zur sogenannten „Generation der achtziger Jahre"[129], die durch ihr Schaffen international die Grundlage für die klassische Moderne schufen. Ihr erstes gemeinsames Projekt war noch rein theoretischer Natur. Gutkind war Herausgeber und Mitautor des Buches „Neues Bauen" und Migge lieferte 1919 dazu den Beitrag „Neues Gartenbauen". (Migge L. , 1919a)

Beide setzten dabei den Gedanken von Hermann Muthesius von einer architektonischen und funktionalen Einheit von Haus und Garten fort. (Baumann, 2002, S. 164) Migge formulierte es so: „Der Garten ist unsere erweiterte Wohnung", das heißt, dass die „innere Gliederung des Hauses jeweils ihre organische Fortsetzung und Übertragung im Garten erfährt und dass sie mit charakteristischen Formeinheiten der Architektur im Garten weiterklingt. So ist die Gewähr für ein schönes und praktisches Zusammenwirken für eine höhere Einheit von Haus und Garten gegeben." (Migge L. , 1913, S. 63) (Baumann, 2002, S. 164) Gutkind vertrat den Standpunkt, dass „die Anlage der Gärten von der gleichen Bedeutung, wie die Anlage des Hauses" ist. (Gutkind E. A., 1919, S. 9) Für ihn war erst die Kombination aus Flachbau und Garten eine Wohnung. (Gutkind E. A., 1922, S. 21) So ergänzten sich beide in ihren Ansichten. Dabei orientierten sie sich stilistisch am modernen Wohnungsbau jener Zeit. Wie nah Migge dem Neuen Bauen dabei kam, zeigt seine Ansicht, wonach Gärten von Schlichtheit und Sachlichkeit geprägt sein sollten und dekorierende Zugaben überflüssig seien. (Baumann, 2002, S. 165) (Migge L. , 1926, S. 62 f)

Neben den rein gestalterischen Aspekten vertraten beide auch den Gedanken des Taylorismus, der zur Typisierung und Massenproduktion von Häusern und Gärten führen sollte. Gutkind gestaltete seine Entwürfe entsprechend und Migge übertrug dies auf die Gartengestaltung.

Ab 1924 war Migge an drei Projekten Gutkinds beteiligt: den ersten drei von Gutkind realisierten Bauvorhaben. Bauherr für alle drei Bauprojekte war die DGG.[130] Es handelte sich dabei um drei Siedlungen, die sich in den damaligen Randgebieten Berlins befunden haben; in: Staaken (im Westen), Lankwitz (im Süden) und Pankow (im Nordosten). Diese Gebiete waren erst 1920 durch die Eingemeindung von

---

[129] Otto Bartning, Theo van Doesburg, Heinrich de Fries, Walter Gropius, Hugo Häring, Werbner Hegemann, Ludwig Hilberseimer, Le Corbousier, Hans Luckhardt, Wassili Luckhardt, Ernst May, Erich Mendelsohn, Adolf Meyer, Hannes Meyer, Ludwig Mies van der Rohe, Leberecht Migge, Jacobus Johannes Pieter Oud, Bruno Taut, Max Taut, Martin Wagner. (Hierl, 1992, S. 10 Fn. 2)

[130] Siehe auch Kapitel 5.1: Gutkind und die Gartenstadtgesellschaft.

Landgemeinden zu Berlin gekommen. Migge sollte für alle Siedlungen Entwürfe für eine Graten- bzw. Freiraumgestaltung liefern. (Baumann, 2002, S. 18)

6.3 Gartengestaltung

Von den geplanten Freiraumgestaltungen Migges liegen keine Pläne vor. (Hierl, 1992, S. 205 f), (Baumann, 2002, S. 18) Das wir trotzdem Kenntnis davon haben liegt daran, dass Migge in drei Ausgaben seiner Zeitschrift „Die Siedlungswirtschaft"[131] und dem Buch „Binnenkolonialisation" Skizzen seiner Überlegungen veröffentlicht hat. Seine Konzeption sah eine „Selbstversorger-Stadtlandsiedlung" (Nebenerwerbssiedlung) vor. Die Häuser verfügten über ca. 720 qm große Gärten.[132] Diese Größe ist damit fast doppelt so groß, wie ein Selbstversorgergarten nach den Berechnungen Migges sein müsste. Dies kann als Antwort auf die Kritik verstanden werden, die ihm nach der Veröffentlichung seines Buches „Jedermann Selbstversorger" entgegenschlug. Die Gärten hatten, obgleich von großer Sachlichkeit geprägt, um das Haus herum Bereiche, die den rein ästhetischen Bedürfnissen der Bewohner dienten bzw. nicht allein dem Gartenbau dienten. (Baumann, 2002, S. 200) (Migge L. , 1926, S. 78) Er teilte die Gärten in einzelne Bereiche ein, denen er spezifische Aufgaben zuwies: Frontgärten (Vorgärten), Wohngärten (Ziergärten) und Nutzgärten für den intensiven Gartenbau. (Migge L. , 1924, S. 427) (Baumann, 2002, S. 222) (Migge L. , 1926, S. 78).

Die Vorgärten (Abb. 22) grenzten den Privatbereich der Bewohner vom öffentlichen Straßenland ab und standen den Bewohnern nicht zur individuellen Gestaltung und Nutzung zur Verfügung. Migge vertrat bereits 1913 die Auffassung, dass der „Vorgarten [...] ein Bestandteil des Straßenbildes [ist]. Er hat die Aufgabe, in die Straßen unsere Außenviertel erfrischende Vegetation hineinzubringen und mit ihrer Hilfe das Straßenbild formal und farblich in der Wirkung zu charakterisieren und zu steigern." (Migge L. , 1913, S. 13 f.) (Baumann, 2002, S. 159) Mit Rücksicht auf die Lage an einer Ausfallstraße kam der räumlichen Betonung der Vorgärten eine besondere Bedeutung zu. (Migge L. , 1926, S. 76 f.)

Migge setzte die Formensprache und das einheitliche Gepräge der Gutkindbauten der Siedlung in der Vorgartengestaltung fort und führte es bis in den öffentlichen Raum. Die

---

[131] (Migge L. , 1924, S. 427), (Migge L. , 1925, S. 77 f.) (Migge L. , 1925b, S. 123 f.) (Baumann, 2002, S. 160, 222 f).

[132] Die Angaben über die Größe des Gartens variieren zwischen 720 und 800 qm (Gutkind E. A., 1926, S. 7) (Gutkind E. A., 1932, S. 62 f.) Tatsächlich beträgt die Grundstücksgröße ca. 650 – 1000 qm. (Vermerk vom Februar 1992 – ohne Datum – AZ.: Lks I 3).

von Gutkind entworfenen Doppelhäuser sind frühe Vertreter des Neuen Bauens. Ihre kubischen, strengen und nüchternen Formen finden in den hohen rechtwinklig zugeschnittenen Schutzhecken der Gärten und der rechteckigen schmucklosen Rasenfläche in den Eingangsbereichen der Häuser ihre Entsprechung. So bilden Haus und Vorgarten ein Gesamtwerk, was den gesamten Straßenzug charakterisierend prägt. Allein durch die Doppelhäuser und freigeschnittenen Zugänge in den Schutzhecken, die einen direkten Zugang von der Straße zum Garten ermöglichen, unterbrochen, umschlossen die Schutzhecken die Siedlungsteile wie „grüne Mauern".[133] Dadurch konnte zur Straßenseite hin komplett auf die Abgrenzung durch Zäune verzichtet werden, die den Gesamteindruck der optischen Einheit von kubischen Doppelhäusern und sich in Form und Abmaßen angepassten Schutzhecken zerstört hätten. Zugleich erfüllten sie die Funktion, den öffentlichen Bereich von der Privatsphäre wirksam zu trennen. Die Höhe der Schutzhecken orientierte sich dabei an dem glatt verputzen hellen Bereich des Anbaus. Das sich anschließende dunklere Sichtziegelwerk stellt einen farblichen Kontrast dar, der nicht durch die Hecken beeinträchtigt werden sollte. Vielmehr wurde durch das Fortklingen der Architektur in Form und Farbe eine Steigerung der Wirkung erreicht.

Wenn man das architektonische Werk Gutkinds weiter verfolgt, dann kann die Doppelhaussiedlung als Startpunkt einer Entwicklung angesehen werden. Diese Entwicklung führt zu einer zunehmenden Verdichtung der Bauweise. Die Bauten in Lankwitz wurden als Wohnhausgruppe bezeichnet und ließen keinen Freiraum mehr zwischen den einzelnen Bauten. Die Verdichtung der Bebauung der Randbereiche wurde konsequent zur geschlossenen Blockrandbebauung in Berlin Pankow weiterentwickelt. In dieser Hinsicht spielten die Schutzhecken eine entscheidende stilistische Rolle, da sie bereits die Verbindung der Bauten durch Gestaltungselemente vorwegnehmen und so den öffentlichen Raum von dem geschützten privaten Innenraum abgrenzten.

Die gemeinsamen Rasenflächen der Vorgärten verbinden die Haushälften optisch zu einem einheitlichen Ganzen. Dabei bleiben aber die Fußwege zu den Eingangstüren der DHH getrennt.[134] Dies ist als weiterer Ansatz der Symbiose zwischen dem Wunsch nach individueller Lebensweise und dem Leben in einer Gemeinschaft zu verstehen, wie er für das Grundverständnis des Gartenstadtideals bestimmend war.

---

[133] Die äußere Abgrenzung der Gartenstädte ist eines der stilbildenden Elemente und wurde oft durch Nachahmungen von „Stadtmauern" umgesetzt. Hier ist sie zugleich ein Teil der Gartengestaltung.

[134] Der einzige Hinweis auf die Umsetzung von Migges Planungen findet sich in der Gestaltung der Wege und Rasenflächen im Vorgarten auf einem Foto. (Abb. 23)

Die von Migge geplanten kubisch beschnittenen Blütensträucher im Vorgarten passen sich in ihrer Gestaltung wieder der Architektur des Hauses an. Sie ziehen sich von den Schutzhecken zu den Eingangsbereichen am Sockelbereich der Bauten entlang und verbinden diese. In der Höhe werden diese Sträucher wieder durch die Architektur bestimmt und in Sockelhöhe begrenzt. Die Umsetzung dieser Idee würde jedoch dazu führen, dass die Blütensträucher die Kellerfenster an der Vorderseite der Häuser verdecken und diese dadurch für ihre Zweckbestimmung, der Belüftung bzw. Beleuchtung der Kellerräume, untauglich machen. (Migge L. , 1926, S. 78) Diese Planungen zeigen jedoch, dass Migge weder Baupläne vorlagen, noch dass er die Bauten fertig gesehen hat. Während sich vor dem Haus die repräsentativen Vorgärten befinden, werden hinter dem Haus die Wohn- und Nutzgärten angelegt. (Abb. 24)

Die Wohngärten waren für die individuelle Gestaltung als erweiterte Wohnbereiche gedacht. Dafür waren die Bereiche hinter den geplanten Hecken und zwischen den Doppelhäusern vorgesehen. Damit wurde sichergestellt, dass die straßenseitige Einheitlichkeit nicht beeinträchtigt wurde und doch Raum für eine der Erholung dienende individuelle Gartengestaltung blieb. Rechts bzw. links neben den Doppel-häusern, innerhalb der schützenden Hecken, war entsprechend der reformorientierten Denkweise Migges Raum für einen „Kinderspielgarten"[135] und einen Blumengarten vorgesehen. Die Schutzhecken umschlossen schützend diesen Bereich. Die Anlage von Spielplätzen war Teil der sozialreformerischen Bewegung, der Licht, Luft und Sonne nicht nur in der Ausrichtung der Bauten sah, sondern auch im Umfeld der Bauten.[136]

Der Nutzgarten begann auf der Gartenseite mit dem direkt am Anbau (der auch als Stall vorgesehen war) vorgesehenen Hühnerhof. Bis auf einen Erdgarten war der Rest der Gartenfläche vornehmlich für die Anzuchtbeete vorgesehen. Als optische Trennung zwischen dem direkten Wohnumfeld und den Anzuchtbeeten war eine parallel zum Straßenverlauf geplante Reihe aus jeweils vier hochstämmigen Birnbäumen

---

[135]   Spielbereiche spielten in den Entwürfen Migges eine wichtige Rolle und sind in zahlreichen seiner Entwürfe vorgesehen. Diese wurden in der Regel gestalterisch vom Umfeld separiert, z. B. durch Hecken, Anhöhungen oder Senken. Strenggenommen handelt es sich dabei aber stets um Spielbereiche für Kleinkinder mit Sandkasten. Für andere Altersklassen wurden keine Bereiche wie Spielwiesen oder Ballspielplätze geschaffen. (Baumann, 2002, S. 133 ff.)

[136]   In Deutschland wurden erst Ende des 19. Jahrhunderts erste öffentliche Spielplätze nach dem Vorbild von britischen und amerikanischen Städten angelegt. In Berlin wurden vor dem Ersten Weltkrieg vereinzelt öffentliche Spielplätze eingerichtet. Sie befanden sich zumeist in öffentlichen Parks in Stadtrandlage. Durch die sozialpolitischen Bestrebungen der Reformbewegung in der Nachkriegszeit wurden dann vermehrt Spielflächen in Volksparks angelegt. Dabei handelte es sich in der Regel um Spielbereiche (Spielplätze), die nicht mehr waren, als umzäunte Flächen mit verdichtetem Boden. Gelegentlich gab es auch Sandkästen oder Buddelkisten. Private Spielbereiche für die Kinder der arbeitenden Bevölkerung waren noch Utopie. (Land, 2005, S. 17 f. und 166 f.)

vorgesehen. Die Grundstruktur für einen „technischen Garten"[137] beschreibt Migge später so: (Baumann, 2002, S. 233) (Migge L. , 1927, S. 11 ff) (Migge L. , 1926, S. 78 Abb. 31)

1) Die Breite der Beete sollte etwa 1,50 m betragen.

2) Die Einfriedung nach den Seiten hin erfolgt durch eine feste Schutzwand aus Beton. Sie dient als Blick- und Windschutz sowie Sonnenfang und Fläche für Spalierobst (Apfelspaliere und Brombeeren). Zur Abgrenzung zum gegenüberliegenden Garten dient ein freistehendes Spalier mit Johannisbeeren. (Abb. 25)

3) Als „Kern des kleingärtnerischen geselligen Lebens" war eine Laube am Eckpunkt der angrenzenden Grundstücke vorgesehen, die von einzelnen Pflaumenhochstammbäumen beschattet sein sollte. Neben der Unterbringung der Gartengeräte hatte sie auch eine soziale Funktion: Sie diente als Kommunikationspunkt für die auf Gemeinschaftlichkeit ausgerichtete Siedlung.

4) Zur Erschließung des Gartens war ein Weg vorgesehen. „Im gebrauchsmäßig durchdachten Kleingarten gibt es nur einen Weg." Dadurch blieb mehr Raum als Anbaufläche. Dieser Weg führte vom Haus zur Laube, parallel zur Grundstücks-grenze.

5) Für die Bewässerung war eine Beregnungsanlage vorgesehen, die in den Beeten parallel zum Erschließungsweg angelegt war.

6) Die Art der Bepflanzung war auf die Gartennutzung abgestimmt und sollte vorrangig aus gängigen Obst- und Gemüsesorten bestehen. Als Zierpflanzen, vor allem im Vorgarten und den der Erholung dienenden Gartenteilen, kamen Rosen, Stauden und Sommerblumen oder niedrige Hecken in Anwendung. Große Bäume dienten nur der optischen Aufteilung der Gärten und bildeten daher die Ausnahme.

Die Gärten waren typisiert, d. h. eine einheitliche Anzahl und Art der Bepflanzung sowie Raumaufteilung wurde vorgesehen. Dies wäre aber praktisch so nicht umsetzbar gewesen, da die Grundstücke tatsächlich unterschiedliche Breiten, Tiefen und Größen aufweisen (Abb. 5 und 36) und einige auch noch winklig zum Haus verliefen. Die Grundstruktur nach Migge bestand aus folgenden Elementen: Beete, Einfriedung und Schutzwand, Laube, Anlage von Gartenwegen, Art der Bepflanzung und Elemente zur allgemeinen Raumwirkung.

---

[137]   Siehe auch Kapitel 6.6: Rationalisierung.

Die aus der Entstehungszeit der Siedlung bekannten Fotos zeigen zwar die Wohngebäude, lassen aber keine Rückschlüsse auf die ursprüngliche Gartengestaltung zu. Ehemalige Bewohner der Siedlung haben angegeben, dass die geplante Gartenanlage nie verwirklicht wurde. Diese Annahme konnte durch Luftbilder bestätigt werden. (Baumann, 2002, S. 223, Fn. 181 f.) Auf neueren Fotos finden sich Hecken vor einzelnen Häusern. (Baumann, 2002, S. 161, Abb. 52), (Katamon G.m.b.H., 2000, S. passim) Allerdings ist anzunehmen, dass dies eher aufgrund praktischer Bedürfnisse der Bewohner erfolgte (Sicht- und Lärmschutz), als auf den Planungen Migges beruhte.

Für die Umsetzung der Gartengestaltung fehlte dem Bauherrn vermutlich das Geld. Für den auch von Gutkind, Migge und der DGG gebauten Wohnblock in Berlin Pankow sollten auch Sitz- und Kinderspielplätze sowie Grünflächen gebaut werden. „Aber „aus Geldgründen konnte dies leider nicht durchgeführt werden." (Gutkind E. A., 1926, S. 7) (Hierl, 1992, S. 69) So kann man davon ausgehen, dass dies auch der Grund ist, warum die Gartengestaltung in Staaken nie umgesetzt wurde.

Mit der Fertigstellung der Siedlung war bereits die Nachkriegsdepression überwunden, und der Bedarf an Selbstversorgergärten in der Großstadt ging zurück. Schon 1926 stellte Schallenberger fest: „Es hat sich in vielen Fällen herausgestellt, daß die Aufteilung der Hofflächen für Kleingärten, zur Verpachtung an die Mieter der Hauses, nicht durchgeführt werden konnte, weil die Pachtung von Mietern abgelehnt wird." (Schallenberger & Kraffert, 1926, S. 7) So war es auch in Staaken. Die Vermietung an die Deutsche Verkehrsfliegerschule (DVS) als Generalpächter führte zudem dazu, dass sich hier Bewohner ansiedelten, die keine Beziehung zum Gartenbau hatten und aufgrund ihrer gesicherten Beschäftigung auch nicht auf ein zusätzliches Einkommen angewiesen waren. Zudem war es für voll Berufstätige schlichtweg unmöglich, auch noch nebenbei eine ertragreiche Landwirtschaft zu betreiben. Dies musste auch Migge eingesehen haben. Und so relativierte er später seine hohen eigenen Ansprüche, indem er den Siedlern eine Hilfe an die Seite stellte: „So haben wir in Staaken bei Berlin [...] eine Siedlung in Bau, denen Gärten auf das zweckmäßigste eingerichtet sind, deren Betrieb aber in jeder denkbaren Beziehung entlastet werden soll. In den betr. Vertragsbestimmungen für den Gartenbetrieb[138] heißt es unter 3: Um den Siedlern die bequemste und billigste und ertragreichste Unterhaltung ihrer Gärten zu sichern, ist ein Siedlungswart mit angesiedelt, dem die Aufsicht über die ganze Anlage anvertraut ist. Speziell untersteht ihm:

---

[138]   Die „Vertragsbestimmungen für den Gartenbetrieb" konnten in den einschlägigen Bibliotheken und Archiven nicht gefunden werden.

a) die Regelung der Abfall- und Wasserwirtschaft

b) die Bedienung und Verteilung der Bodengeräte

c) die Pflege der Vorgärten und Spielplätze.[139]" (Migge L. , 1925, S. 77 f.)

Der Entwurf und die Bauleitung sollten bei der Siedlerschule Worpswede liegen. Die Ausführung dagegen sollte der Niederschlesischen Gartenfürsorge in Breslau übertragen werden. Dies ist erstaunlich, da auch die Siedlerschule Worpswede dazu in der Lage gewesen wäre. (Migge L. , 1925 b, S. 121) Diese Planungen wurden, wie alle anderen Migges zu dieser Siedlung, nicht verwirklicht.[140]

6.4 Freiraumgestaltung und das öffentliche Straßenland

Obgleich, insbesondere bei Vertretern der Gartenstadtidee, die Schaffung von Gemeinschaftsflächen oder Kommunikationsräumen immer mit ein wichtiges Element waren, sind diese hier nicht zu finden. Allein eine gemeinsame „Komposterei" und ein Mustergarten in der südwestlichen Ecke der Siedlung, auf der später das Fertigteilhaus erbaut wurde, lassen so etwas wie Gemeinschaftsflächen erahnen. (Abb. 7)

Die Binnenwege im südlichen Teil der Siedlung sind ohne erkennbare Gestaltung geblieben. Ursprünglich waren diese Wege als Sackgassen angelegt, sodass dadurch eine gewollte Abgeschiedenheit und Ruhe im Innenbereich des südlichen Siedlungsteils gewährleistet war. Für die die Siedlung einschließenden Straßen waren Alleebäume vorgesehen. In der Heerstraße, auf der schon damals durch den Verkehr viel Lärm verursacht wurde, waren sogar doppelreihige Alleebäume vorgesehen, sodass sich dadurch zwangsläufig ein größerer Abstand zwischen dem Verkehr als Lärmquelle und den Grundstücken ergeben hätte.

Auch diese Planungen wurden nie realisiert, und so tut sich heute vor den Häusern ein ungepflegter Sand- und Grünstreifen auf, der den aufgrund des schlechten Bau-zustands der Häuser sehr negativen Gesamteindruck der Siedlung noch verstärkt.

---

[139]   Dies ist insofern bemerkenswert, als dass sich diese Bereiche in den „Privatbereichen" der Doppelhäuser befanden.

[140]   Das Fertigteilhaus soll nach Angaben von früheren Bewohnern der Siedlung auch für die Verwaltung genutzt worden sein. So käme auch eine Nutzung des Hauses durch den Siedlungswart in Betracht. Zudem war dem Haus ein Mustergarten zugeordnet, was diese Vermutung stützt.

6.5 Fazit

Die Kombination der den künstlerischen Zielen des Neuen Bauens verpflichteten Schutzhecken mit den sozialen Aspekten des Wohngartens und den neuesten Erfahrungen der Kleinbodentechnik der Selbstversorgergärten kann als eine der ausgereiftesten Planungen ihrer Zeit angesehen werden. (Migge L. , 1924, S. 427) Es ist dem Architekten gelungen, künstlerische Aspekte mit sozialen Errungenschaften und wirtschaftlichen Notwendigkeiten in einem „Mikrokosmos" zu vereinen und diese auf die Architektur abzustimmen und damit zu erweitern. Auch wenn die Planungen in Staaken nicht realisiert wurden, so sind diese doch als Grundlage für die später verwirklichten Gärten Migges gewertet worden. (Baumann, 2002, S. 224 ff.)

7 Von der Veränderung zum Denkmalschutz

7.1 Erste Veränderungen nach der Fertigstellung

Bereits kurz nach der Fertigstellung wurden die ersten Veränderungen an den Bauten vorgenommen. Die Gründe dafür waren ebenso vielschichtig wie der Umfang der Veränderungen: Baumängel wurden beseitigt (Sichtziegel wurden verputzt, das Dach wurde erneuert, Anstriche aufgetragen), geänderten Nutzungsanforderungen wurde Rechnung getragen (Umnutzung von Kammern als Toilette, bzw. Stall als Küche, Umbauten für Gewerbeeinheiten) und praktische Erwägungen gewannen gegenüber künstlerischen Intentionen die Oberhand (Einbau von Fenstern im Dachgeschoss gartenseitig und im Treppenturm). In der „Restauratorischen Befunderhebung" wurden einzelne Bauten untersucht und die Veränderungen in drei zeitliche Bereiche gegliedert, die eine chronologische Abfolge bilden: Veränderungen/Überformungen bis Ende der 1920er Jahre, bis ca. 1935 und nach 1937. Da nur einzelne DHH untersucht wurden, lässt sich das Ergebnis dieser Untersuchung nicht in jedem Fall verallgemeinern. Vielmehr ist davon auszugehen, dass viele der Veränderungen individuell erfolgten. Im Einzelfall vielleicht sogar von den Bewohnern selbst, um adäquate Wohnverhältnisse zu schaffen. Die augenscheinlichste Veränderung war das verputzen der Ziegel, die sich nicht als witterungsbeständig herausstellten. Als die DVS 1928/29 auszog, standen die meisten Wohnungen leer und boten sich daher für Umbauten an. Dieses Ereignis fällt mit dem Rekordwinter 1928/29 zusammen, der mit über -20° C einer der kältesten des 20. Jahrhunderts im Berliner Raum war. Dieser wird ursächlich für die Beschädigung der Sichtziegel verantwortlich gemacht.[141] (Teufel, 2008, S. 5 f) Dies deckt sich mit den Erinnerungen von Frau Bulling-Gutkind, wonach die „Zerstörung der Gebäude schon Ende der 1920er Jahre" stattgefunden haben soll. (Hierl, 1992, S. 32, Fn. 32) Diese Einschätzung wird auch durch historische Ansichtskarten gestützt. Im Haus 9-10 befand sich 1928-29 das Fliegerkasino (noch mit Sichtziegeln abgebildet) und 1930-1933 Hartwigs Bierstuben (bereits mit verputzten Sichtziegeln). (Abb. 26 und 27)

Somit ergeben sich, unter Berücksichtigung dieser Gesichtspunkte, der Analogie in der „Restauratorischen Befunderhebung" folgend drei Fassungen: die Veränderungen im Zusammenhang mit der Fertigstellung der Bauten, Veränderungen bis zum Verputzen der Sichtziegel 1929 und die Veränderungen, die im Zusammenhang mit dem Verputzen des Haupthauses in Zusammenhang stehen. (Anlage 4)

---

[141] Teufel hat das Verputzen der Fassaden mit den Olympischen Spielen 1936 in Verbindung gebracht. (Teufel, 2008, S. 5 f.) Dies erscheint aber nach dem oben Dargestellten unwahrscheinlich.

In den ersten Zeitraum fallen die Neufassung der Fenster (weiße Rahmen und Flügel, blaue Absetzungen der Blendrahmen), der gartenseitigen Eingangstür (blau wie die Blendrahmen der Fenster) und die der zurückgesetzten Putznische um die straßenseitige Eingangstür (grau); möglicherweise auch die der Putzecken zwischen den Treppenhausfenstern des Dachgeschosses (grau). Dazu fanden teilweise Umsetzungen der Anbau-Fenster ins Treppenhaus statt. Diese zweite Fassung, ist wesentlich typischer für die Architektursprache der Häuser und ist als eigentlich beabsichtigte Farbfassung glaubhafter. (Abb. 28 bis 35)

Im zweiten Zeitraum fand die erneute Neufassung der Fenster (weiße Rahmen und Flügel, orange-rote Umrahmung der Fenster), der gartenseitigen Eingangstür: (orange-rot wie die Blendrahmen der Fenster), die der straßenseitigen Eingangstür und zurückgesetzten Putznische um die straßenseitige Eingangstür (grüngrau) und möglicherweise auch der Putzecken zwischen Treppenhausfenstern des Dachgeschosses (grüngrau) statt. Zudem erfolgte der Neuverputz der seitlichen Anbauten. (Abb. 31 bis 33)

Die entscheidende Veränderung hing mit dem Verputzen des Haupthauses zusammen. Dazu gehörten die Entfernung des Verputzes am Haupthaus, das Auskratzen des Fugenmörtels des Sichtziegelwerks, die komplette Verputzung der 21 Doppelhäuser und der Anstrich in Rosé. Außerdem erfolgte eine Neufassung der Eingangstüren und deren zurückgesetzte Putznischen in rotbraun. Die Fensterrahmen wurden in rotbraun, die die Fensterflügel in weiß neu gefasst. Die Anbauten wurden ummauert, dabei kam es zur Schließung der Eingangstür an der Anbaustirnseite. Auch Veränderungen am Dach fanden statt. Durch die Erneuerung des Daches kam es vermutlich zur Schließung der Dachfenster und zur Installation von Regenrinnen. Das Fehlen der Dachluken führte zur Notwendigkeit des Einbaus von Fenstern im Dachgeschoss gartenseitig. (Abb. 34 und 35)

In der Folgezeit wurden einige Häuser noch mindestens einmal teilweise oder vollständig gestrichen. Bei den Anstrichen handelt es sich meist um (schwach gebundene) Dispersionsfarben, in den Erdgeschoss-Bereichen wurden vereinzelt auch Lackfarben verwendet.

Über die Veränderungen in der Zeit nach dem Zweiten Weltkrieg bis zur Wiedervereinigung liegen keine Informationen vor, die Rückschlüsse auf Veränderungen zulassen. Daher werden die Veränderungen für diesen Zeitraum nicht näher untersucht. Bis zum Mauerfall 1989 hatte die Siedlung unter der Mangelwirtschaft in der DDR zu leiden, was zum stetigen Verfall der Siedlung beitrug, aber auch grundlegende Umbauten ausschloss. Um den Verfall aufzuhalten renovierten die Mieter auf eigene Kosten. Lediglich drei Gebäude wurden während der fast dreißigjährigen Teilung Deutschlands saniert. [142]

7.2 Zustand der Siedlung um 1995

Wenn man sich der Stadt nähert, bietet sich folgendes Bild: „Wer [...], vom Berliner Ring kommend, auf der B 5 nach Berlin fährt, trifft hinter der neuen Landesgrenze zuerst auf ein Fastfood-Restaurant und einen Discountmarkt." (During R. , 2003) Unmittelbar daran grenzen beiderseits der Heerstraße die Bauten der Siedlung „Neu-Jerusalem". Diesem tristen Umfeld entspricht das Erscheinungsbild der Siedlungsbauten. Ein Bewohner der Siedlung beschreibt den Zustand so: „Manche Gebäude sehen aus, als sei in den vergangenen 70 Jahren nichts saniert worden. Die Fassaden sind ohne Isolierung, der größte Teil der Häuser ist nicht an die Entwässerung angeschlossen. Die meisten Wohnungen enthalten keine Bäder, in vielen gibt es nur einfache Fenster. Die Fenster sind in einem Zustand, dass "der Handwerker die Rahmen nicht mehr anfasst". Eine Anwohnerin erweitert die Liste der Unzulänglichkeiten: „Außen blättert der Putz ab, die Feuchtigkeit im Keller macht die Kohlen unbrauchbar, die fingerdicken Lücken zwischen Fensterrahmen und Fensterbrettern werden provisorisch mit Zeitungspapier gestopft, und weil sie weder Wanne noch Dusche hat geht sie bei der Nachbarin duschen. Warmes Wasser hat sie nur, weil sie einen Boiler zu DDR-Zeiten selbst installiert hat. Obendrein sorgen die Lastwagen, die oft im Minutentakt über das Kopfsteinpflaster am Nennhauser Damm donnern dafür, „daß die Gläser im Schrank wackeln". (Ahne, 1999) In einem anderen Haus steht die Duschkabine in der Küche. (Schnaibel, 2006) Ein weiterer Anwohner sieht den Zustand der Bauten so: „Die Siedlung „Neu-Jerusalem" in West-Staaken verfällt zusehends: Der Putz bröckelt, die Fenster verrotten, die Öfen sind nicht mehr beheizbar, die Wände sind feucht, die Wasserleitungen marode, die Klärgruben verstopft und die wenigen Instandsetzungs-arbeiten seien ‚der reinste Pfusch'. Erst nach dem Einbruch seiner Kellerdecke konnte er eine Teilsanierung durchsetzen." (Her, 2004) Durch die Nutzung der DHH durch mehr als eine Mietpartei war die Haustür der gemeinsame Haupteingang, erinnert sich eine ehemalige Bewohnerin, die ihre Kindheit in der Siedlung verlebte. Geradezu befand sich die Haustür des Rentnerpaares im Erdgeschoss. In der ersten Etage waren

---

[142]   Die Häuser Heerstraße 655, 657und 655 E (Fertigteilhaus). (Katamon G.m.b.H., 2000, S. 16, 199 ff., 236 ff.)

das Klo, die Küche und das Wohnzimmer. Noch eine Treppe höher dann Schlaf- und Kinderzimmer. Dachfenster gab es keine. Die Fenster waren relativ tief angebracht und schmal, aber trotzdem war es nicht dunkel. Im Anbau war damals eine große Küche der Rentner. Ich denke mal viele Einwohner damals hatten auch versucht ganz individuell diesen Anbau zu nutzen. Außen waren die Häuser der Siedlung weiß angestrichen.[143]

Der Verwalter, die Gemeinnützige Siedlungs- und Wohnungsbaugesellschaft (GSW), hätte handeln müssen, doch waren ihr die Hände gebunden. Sie sah sich dabei in einer rechtlich-finanziellen Zwickmühle. So lange die Eigentumsfrage nicht geklärt war, blieben Modernisierungen aus eigenem Antrieb durch die GSW untersagt. Auf der anderen Seite fehlten schlichtweg die Einnahmen. "Wir können nicht mehr Geld ausgeben, als wir an Miete einnehmen", erklärte Dietmar Bock, Prokurist für Bestandsmanagement der GSW. Die GSW als Verwalter könne nur im Rahmen der Mieteinnahmen arbeiten, sagte Sprecher Bodo Rochel. „Bei 2,61 Euro pro Quadratmeter für die spärlich ausgestatteten und von den Mietern selbst ausgebauten Domizile sei da nicht viel zu machen." (Her, 2004) (Ip, 1996) "Wir haben sechs Jahre lang jeden Pfennig der Einnahmen investiert. „Mit unserem wenigen Geld muss alles Flickschusterei bleiben." (Lennart, 1996). Die GSW selbst wollte die Siedlung nicht kaufen. „Die Renovierung würde riesige Summen kosten. Die GSW schätzt die Sanierungskosten auf neun Millionen Mark." (Her, 2004).

Als die Siedlung 1995 unter Denkmalschutz gestellt wurde, stellte selbst das Landesdenkmalamt fest, dass „die stark veränderten Bauten ihre ursprüngliche Wirkung nur schwer vermitteln können". (Ochs, 1999) Um sich einen Überblick über den Bauzustand zu machen, wurde im Jahr 2000 ein externer Gutachter beauftragt. „Die Katamon G.m.b.H. erhielt von der Unteren Denkmalschutzbehörde in Berlin-Spandau den Auftrag, die Gesamtanlage der Flachbausiedlung „Neu-Jerusalem" im Zuge qualitativer und quantitativer Datenerhebungsverfahren zu erfassen. Die Gesamtanlage war durch Fotoaufnahmen und begleitende Textbeiträge darzustellen und zu dokumentieren. Durch „Zusammenarbeit mit der GSW war es [... den] Mitarbeitern der Katamon G.m.b.H. möglich, durch zahlreiche Begehungen der Grundstücke die Fotografien anzufertigen und die erforderlichen Daten zu erheben. Der erste Teil der Dokumentation enthält Informationen zur Lage, zum Denkmalwert und zur Baugeschichte der Anlage. Der zweite Teil zeigt den aktuellen Status ab August 2000." (Katamon G.m.b.H., 2000, S. 1 f.)[144]

---

[143]   Christine Büttner 26. Februar 2010 um 22:22 | #13, Quelle:
http://vilmoskoerte.wordpress.com/2009/05/19/siedlung-neu-jerusalem-in-berlin/.

[144]   Der Versuch des Autors im Herbst 2013 Zutritt zu den Grundstücken zu bekommen bzw. Fotos anzufertigen, wurde ihm durch die Bewohner verwehrt. Lediglich eine Anwohnerin war zu einem Interview bereit und gab

Jedes Objekt wurde in der Dokumentation in folgender Reihenfolge dargestellt (Katamon G.m.b.H., 2000, S. 13): Lage, Grundriss, Veränderungen, Bilder. Separat stehende Garagen, Lauben, und Schuppen auf den Grundstücken wurden nicht dargestellt. Neben der reinen Beschreibung wurden nur wenige Analysen oder zusammenfassende Betrachtungen bzw. Auswertungen der erhobenen Daten vorgenommen:

- Bei allen Doppelhäusern ist die Ziegelfassade in den Obergeschossen mit Putz versehen worden.

- Die Türen in den Anbauten sind bei allen Doppelhäusern zugemauert worden. Lediglich bei zwei DHH sind die Nischen noch erkennbar (Heerstraße 645 B, 655 B).

- Bei den meisten Häusern ist die Grundrissform noch im Original erhalten. Jedoch bei fünf DHH (Nennhauser Damm 169 und Heerstraße 645, 645 D, 645 E, 645 F) sind die Anbauten bis zur Fluchtlinie der Gartenseite vergrößert worden.

- Drei weitere DHH (Heerstraße 647, 650, 655 D) weisen einen leicht vergrößerten Anbau auf.

Eine weitergehende Analyse auf der Grundlage der erhobenen Daten wurde erst durch den Autor vorgenommen.[145] Dabei wurde festgestellt:

Neben den genannten Veränderungen sind vor allem die Fenster verändert worden (Abb. 36)

- Einige Fenster wurden im Laufe der Jahre zugemauert (Fenster 7, 8 und 10 bis 13 sowie 15). Dies trifft insbesondere auf die Fenster 7 und 11 zu, die zu 60 % nicht mehr vorhanden sind.

- Bei den noch vorhandenen Fenstern ist die Sprossung bei über der Hälfte aller Fenster verloren; bei einigen Fenstern fast völlig (Fenster 3, 5 und 14).

- Einige Fenster sind zurückgesetzt und die einheitliche Flucht von Fassade und Fenstern ist zerstört; bei Fenster 1 trifft es dreiviertel aller DHH.

Zu den genannten Veränderungen kommen noch Zutaten, die das äußere Erscheinungsbild des Hauses stark negativ beeinträchtigen. (Abb. 37 bis 43)

---

145   Auskunft über ihre Zeit in der Siedlung seit Mitte der 1960er Jahre. Eine weitere Bewohnerin ließ Fotos zu und konnte weitere Auskünfte beisteuern.
Anlage 4: Analyse Bauzustand 2000.

- Vor allem auf der Gartenseite der Häuser wurden zusätzliche Fenster in das Mauerwerk gebrochen. Um das Treppenhaus bzw. das Dachgeschoss zu beleuchten und zu belüften wurden bei allen Bauten zusätzliche Fenster eingebaut.

- Beim Anbau wurden in vielen Fällen die Fenster verändert, erneuert oder gänzlich neue eingesetzt, wo bisher keine waren.

- Der Anbau wurde auch als Küche oder Bad genutzt und musste beheizt werden. So wurden auf fast alle Anbauten zusätzliche Kamine gesetzt.

- Um die Kamine reinigen zu können, wurden Leitern oder Steigeisen an der Fassade befestigt.

- Die Türen entsprechen in fast keinem Fall mehr dem originalen Erscheinungsbild.

- Die Wangen der Treppen an den Hauseingängen wurden fast überall mit Betonplatten abgedeckt.

- Neben den von Katamon G.m.b.H. benannten Grundrissänderungen gibt es zahlreiche Anbauten am Anbau.

Insgesamt ist die ursprüngliche Farbigkeit von Fassade, Türnischen, Türen und Fenstern völlig verschwunden. Eine Analyse historischer Aufnahmen hat ergeben, dass durch das nachträgliche Verputzen des Ober- und Dachgeschosses ein Absatz in der Fassade entstanden ist.

Die Erneuerung der Dächer hat dazu geführt, dass eine überstehende umlaufende Kante angebracht wurde. Bei einigen DHH sind zusätzlich Regenrinnen angebracht worden. Beides stört die ursprünglich glatte Fassade empfindlich.

Die bisher genannten Aspekte beziehen sich fast ausschließlich auf die Doppelhäuser. Die Gärten sind von Maschendrahtzaun eingefasst und individuell gestaltet. Keinerlei Gleichartigkeit ist zu erkennen. Vielmehr sind Garagen- und Schuppenbauten sowie unterschiedlich gestaltete Gartentore die prägenden Elemente.

Ähnlich trostlos sah der Liegenschaftsfond die Situation, als die Siedlung 2007 zum Verkauf stand. „Erheblicher Investitionsbedarf‚ das ist das erste, was Frau Gottschalk vom Liegenschaftsfonds zur ‚Neu-Jerusalem-Siedlung' in Staaken, ganz im Westen Berlins, einfällt. Man braucht nicht viel Fantasie, um das nachzuvollziehen: Die 21 dreigeschossigen Mietshäuser [...] haben mit dem, was dem Architekten vorschwebte, sicher nichts mehr zu tun. Im Originalzustand waren sie unten weiß getüncht, oben zeigten sie Klinker. Ein Traum in Rot-Weiß. Heute bestehen die Wege zwischen den Bauten aus Sand – bei Regen verwandelt der sich in Schlamm – von den schmucken Fassaden ist nur ein grauer Einheitsputz aus DDR-Zeiten geblieben, an die Kanalisation ist die Siedlung auch nicht angeschlossen. In manchen Wohnungen stehen noch Heizöfen, und bei weitem nicht alle verfügen über eine Dusche. Durch den niedrigen Komfort sind die Mieten sehr günstig." (pec, 2006) Viele wohnen seit Jahrzehnten hier und haben auf eigene Kosten Fenster, Bäder und Heizungen eingebaut. So hatte sich der Zustand der Bauten seit der Unterschutzstellung 1995 nicht zum Positiven verändert.

7.3 Wiederherstellung des ursprünglichen Erscheinungsbildes

7.3.1 Empfehlungen für die Bauten

Die Siedlung lebt von dem Widerspruch der Einheitlichkeit der Bauweise im Gegensatz zur Vielfältigkeit der Farbgestaltung, was durch die in Form und Farbe darauf abgestimmte Vorgartengestaltung noch gesteigert wird. So sind alle zukünftigen Maßnahmen derart aufeinander abzustimmen, dass ein Gesamterscheinungsbild wiederhergestellt wird, das dem Ursprünglichen entspricht. Die dargestellten Empfehlungen scheinen in den meisten Fällen ohne große qualitative Einbußen des Wohnwertes für die Bewohner umsetzbar zu sein. Sie basieren auf den Empfehlungen der „Restauratorischen Befunderhebung" (Teufel, 2008, S. 22 f.) und wurden den neuen Erkenntnissen angepasst und erweitert.

Der Bestandsputz – wobei es sich nicht um den bauzeitlichen handelt – ist im Wesentlichen stabil und hat genügend Festigkeit und Anbindung an den Untergrund. Schäden wie Risse, Ablösungen und Absanden sind an allen Häusern in unterschiedlichem Ausmaß zu verzeichnen, resultieren aber überwiegend aus Bauschäden und aufsteigender Feuchte. Ob ein Erhalt des Putzes unter diesen Voraussetzungen empfehlenswert ist, hängt vom Umfang der Störungen und des Verfalls ab. Insbesondere im Hinblick auf eine absatzfreie Gestaltung der Fassade erscheint ein Neuverputzen angeraten. Die Putzflächen zwischen den straßenseitigen Eckfenstern sind wie ursprünglich 1,5 cm tieferzulegen. Die Farbigkeit der Türnischen und Eckwürfel zwischen den Eckfenstern ist, soweit rekonstruierbar, wiederherzustellen, bzw. im Kontext der Siedlung zu ergänzen.

Eine Rückführung der Bauten in den bauzeitlichen Zustand mit Ziegelsichtigkeit erscheint unrealistisch. Der Zustand der Ziegel, die seit Jahrzehnten unter Putz verborgen sind, lässt sich erst nach einer Freilegung abschließend beurteilen. Es muss aber großflächig mit Frostschäden gerechnet werden. Somit müsste die beschädigte, aber noch vorhandene Originalsubstanz, abgetragen werden, ohne die Sicherheit, dass zukünftig keine weiteren Ziegel durch Frost beschädigt werden können. Zudem haben Probefreilegungen gezeigt, dass ein beschädigungsfreies Abtragen des Putzes schwierig ist und zu weiteren Abplatzungen an den Ziegeln führen kann. Auch das nachträgliche Einbauen von Fenstern hat zu Störungen der Struktur geführt. Eine Schließung dieser Stellen mit neuen (anderen) Ziegeln würde sich in den Fassaden abzeichnen.

Eine Lösungsmöglichkeit könnte im Erhalt des Verputzes bestehen, der durch eine dem Ziegelfarbton entsprechende Farbfassung (eingefärbter Putz oder Anstrich) akzentuiert wird. Der Nachteil dieser Lösung besteht darin, dass die Fenster nicht mehr mit der Fassade abschließen und auch in der Fassade ein Versatz zwischen dem Putz im Erdgeschoss und der verputzten Ziegelfassade im Obergeschoss entsteht.

Die bauzeitlich erhaltenen Betonplatten der Sockelverkleidung bedürfen nur einer Reinigung bzw. sind bei Verlust durch gleichartige zu ersetzen. Die Stoßfugen sind wie im Originalzustand wiederherzustellen. Die Freitreppen sind in den Ursprungszustand zurückzuversetzen. Dies betrifft insbesondere die Entfernung der Deckplatten.

Die Fenster sind nach Anzahl, Ausführung und Lage wiederherzustellen, bzw. zu ersetzen. Die Wiederherstellung bzw. der Ersatz verloren gegangener alter Fenster nach dem Muster noch vorhandener Fenster und Rahmen, erscheint möglich und denkmalpflegerisch geboten. Der Verzicht auf zusätzliche Fenstereinbauten ist bei der ursprünglich beabsichtigten Nutzungsweise der Häuser, d. h. das Dachgeschoss dient keinen Wohnzwecken, umsetzbar. Die ursprünglich vorhandenen Dachluken könnten wieder eingesetzt werden und der Belüftung und Beleuchtung des gartenseitigen Raumes im Dachgeschoss dienen sowie den Zugang zum Schornstein ermöglichen.

Neben der einheitlichen Gestaltung der Fenster sollten auch die Türen in ihrer Erscheinung dem Original entsprechen. An der Anbaustirnseite sollte die Türnische wiederhergestellt werden. Soweit dort keine Türen gewünscht sind, ist durch entsprechende gestalterische Maßnahmen das Vorhandensein von Türen anzudeuten.

Weitere störende Elemente sind die Regenrinne, die Wasserabflüsse, die Leitern und Steigeisen an der Fassade sowie An- und Umbauten, die zum Teil den Grundriss verändern. Die angebrachten Regenrinnen und später ergänzten Wasserableitungen sind durch eine der ursprünglichen Bauweise entsprechenden Installation zu ersetzen. Das betrifft sowohl die innenliegenden Wasserabflüsse von den Dächern der Treppentürme als auch die eckige Form der außen liegenden Regenrohre. Die Sprossen und Leitern an den Fassaden sind zu entfernen und eine Zugangsmöglichkeit zum Dach durch das Innere des Hauses zu ermöglichen. Schutzdächer am Hauseingang sind ersatzlos zu entfernen. Sämtliche Anbauten und Grundrissveränderungen, die das äußere Erscheinungsbild beeinträchtigen, sind zu entfernen und zurückzubauen.

Die Innenräume weisen keine spezifische Raumaufteilung auf und haben daher auch keinen hohen erhaltenswerten Stellenwert. Eine Änderung durch Zusammenlegung von Räumen, die historische bedingt bereits in einigen Häusern erfolgt ist, sollte zulässig sein. Das in den meisten Bauten noch vorhandene originale Treppenhaus ist dagegen erhaltenswürdig und in der historischen Farbfassung wieder herzustellen.

7.3.2 Empfehlungen für die Freiraumgestaltung

Allein die Wiederherstellung der Fassade in allen Details kann nur dann überzeugen, wenn diese auch sichtbar zutage tritt und nicht durch Hecken und Bäume verdeckt wird, bzw. deren Wirkung durch neuzeitliche Türen, Zäune und Tore zerstört wird. Damit geht deren Dominanz und das Farbenspiel verloren, das den eigentlichen Reiz der Siedlung ausmachte.

Selbst wenn die ursprüngliche Planung von Migge nie verwirklicht wurde, so ist die Vorgartengestaltung ein bestimmendes Element des Gesamtkonzeptes. Die farbliche und gestalterische Harmonie von Doppelhaus und Schutzhecke bildet eine untrennbare Einheit. Zur Umsetzung dieses Gestaltungsbildes sind die Zäune zu entfernen, oder so zu verlegen, dass sie von den Schutzhecken verdeckt werden. Die Wege und die gemeinsame Rasenfläche im den Vorgärten sind nach den Plänen Migges anzulegen. Dabei sollte nichts die freie Sicht auf die Eingangssituation beeinträchtigen.

Garagen oder Auffahrten auf das Gelände würden die die Siedlung umschließende Schutzhecke in unzulässiger Weise unterbrechen und das Gesamtbild zunichtemachen. Eine zwingende Notwendigkeit wird auch dahingehend nicht gesehen, da vor den Häusern ausreichend Parkraum zur Verfügung steht.

Die Anlage von Selbstversorgergärten war schon zum Entwurfszeitpunkt überholt und würde auch heute keiner zeitgemäßen Gartennutzung mehr entsprechen. Jedoch würden die Anlage von Rasenflächen und die Anpflanzung von Obstbäumen – bevorzugt Sorten, die in Migges Planung vorgesehen waren – dem Ensemble eine Reminiszenz an die ursprüngliche Planung verleihen. Gartenhäuser waren bereits von Migge vorgesehen. Sie sollten sich nach dem ursprünglichen Plan an den dem Haus gegenüberliegenden hinteren Grundstücksgrenzen befinden. Die Dimensionen und auch die Farb- und Formgestaltungen sollten das Gesamtbild nicht dominieren oder beeinträchtigen.

8 Die Siedlung als Denkmal

8.1 Denkmalschutz

Dem besonderen architektonischen Wert der Siedlung, der über den des „Modernen" in ihrer Entstehungszeit, wurde erstmals durch die Aufnahme in das Buch „Die Bauwerke und Kunstdenkmäler von Berlin, Stadt und Bezirk Spandau" 1971 Rechnung getragen. Obgleich die Siedlung seit der Teilung Deutschlands zur DDR gehörte, wurde sie in das Verzeichnis mit aufgenommen. In der DDR wurde der Siedlung keine Denkmalwürdigkeit zugesprochen. Woher die Initiative zur Aufnahme der Siedlung in die Denkmalliste kam, geht aus der einschlägigen Akte nicht hervor.[146] Jedoch wurde bereits 1992 durch das Landesdenkmalamt (damals noch Landeskonservator) die geschichtliche, wissenschaftliche, künstlerische und stadtbildende Bedeutung der Siedlung erkannt.[147] Da das Berliner Denkmalrecht bis zur Neufassung 1995 noch das konstitutive Verfahren anwendete, konnte ohne Zustimmung des Eigentümers ein Bauwerk nicht unter Schutz gestellt werden. Der Eigentümer war jedoch unbekannt und man rechnete erst nach Klärung von Rückübertragungsansprüchen mit Klarheit in dieser Angelegenheit.[148] Mit der Neufassung des Denkmalschutzgesetzes des Landes Berlin 1995 wurde das deklaratorische Verfahren eingeführt. [149] Nunmehr war es ausreichend, dass die Behörde den Denkmalwert eines Objektes erkannte, um dieses unter Denkmalschutz zu stellen. Im Mai 1995 wurde die Siedlung in die Denkmalliste als Siedlung „Neu-Jerusalem" aufgenommen und im Amtsblatt von Berlin Nr. 45/1995 vom 28.09.1995 veröffentlicht. „Selbst wenn die stark veränderten Bauten ihre ursprüngliche Wirkung nur schwer vermitteln können, sind sie auch heute noch als herausragende Dokumente des Neuen Bauens der zwanziger Jahre erkennbar", verweist Dieter Nellessen von der Spandauer Denkmalbehörde auf die Begründung für die Denkmal-würdigkeit der Anlage. (Schnaibel, 2006) Um sich über den Gesamtzustand der Siedlung ein aktuelles Bild machen zu können, wurde im Jahr 2000 auf Anregung der Unteren Denkmalschutzbehörde Spandaus die Fa. Katamon G.m.b.H. beauftragt, eine Erhebung über den seinerzeitigen Zustand der Siedlung durchzuführen. (Katamon G.m.b.H., 2000). Bei der Aktualisierung der Denkmalliste 2004 wurde auf die

---

[146]   Akte Siedlung „Neu-Jerusalem" - Nennhauser Damm 159 – 175; Heerstraße 642-665, AZ Lks (Landeskonservator) I 3.

[147]   Vermerk ohne Datum, AZ Lks I 3.

[148]   Vermerk vom 27.02.1992, AZ Lks I 3.

[149]   Gesetz zum Schutz von Denkmalen in Berlin (Denkmalschutzgesetz Berlin – DSchG Bln vom 24. April 1995, § 2 Begriffsbestimmungen, Abs. 2: Ein Baudenkmal ist eine bauliche Anlage oder ein Teil einer baulichen Anlage, deren oder dessen Erhaltung wegen der geschichtlichen, künstlerischen, wissenschaftlichen oder städtebaulichen Bedeutung im Interesse der Allgemeinheit liegt.

Bezeichnung „Neu-Jerusalem" verzichtet, da die Herkunft der Bezeichnung nie zweifelsfrei zu eruieren und auch nicht mit dem Ursprung der Siedlung in Verbindung zu bringen war. Ein für 2005 von der Stiftung Denkmalschutz Berlin für geplante Sanierung der Siedlung kam dann auch nie über das Projektstadium hinaus. (Mieterversammlung in Neu-Jerusalem, 2004) (Fuchs, 2004) Auch der angekündigte Denkmalpflegeplan wurde nie verwirklicht. (Gormacher, 2006) Die Auflagen, die Siedlung denkmalgerecht zu bewahren, wirkte nicht unbedingt „verkaufsfördernd", als der Liegenschaftsfond die Siedlung zum Verkauf anbot: „Rechnet man noch die baulichen Vorschriften durch den Denkmalschutz und die Lärmbelästigung durch die nahe Heerstraße mit ein, die die Siedlung in zwei Hälften teilt, könnte es sehr kompliziert werden, überhaupt einen Investor zu finden. (pec, 2006) Trotzdem gelang es einen Käufer zu finden, der die Siedlung als Ganzes übernahm. Nach Auflagen des Landesdenkmalamtes sollte die Siedlung auch nur geschlossen weiterverkauft werden. Doch im Jahr 2012 wurde die gesamte Liegenschaft von der „Prinz von Sachsen Immobilien GmbH" aufgekauft und entgegen der bestehenden Auflagen einzeln an verschiedene Einzeleigentümer weiterverkauft.[150] Damit war die Einheitlichkeit der Siedlung als Ganzes nur noch schwer zu gewährleisten.

8.2 Denkmalwert

Insgesamt blieb die Siedlung als solches von Anfang an ohne jede architektonische Bedeutung. Dies lässt sich am ehesten daran ablesen, dass die Siedlung – abgesehen von den wenigen Artikeln, die Migge dazu verfasste – in der zeitgenössischen Literatur gänzlich unerwähnt blieb. Zum Zeitpunkt der Fertigstellung war das geplante Selbstversorgerkonzept längst veraltet und ist auch nie umgesetzt worden. Die städtebaulichen Qualitäten sind als Gesamtanlage eher gering zu werten, da bei der Anlage der Siedlung keine individuellen Konzepte verwirklicht wurden, sondern lediglich entlang bereits bestehender Straßenverläufe Wohnbauten gleichmäßig verteilt wurden. (Hierl, 1992, S. 36) Die Siedlung als Ganzes hat erstmalig 1971 (Jahn, 1971, S. 276) Erwähnung gefunden. Auch wenn die Siedlung seitdem mehrfach erwähnt wurde, so lag der Fokus noch immer ausschließlich auf den Qualitäten der Wohnbauten. Und dies zu recht. Die Häuser waren ihrer Zeit architektonisch um Jahre voraus. Insbesondere, wenn man bedenkt, dass sie für eine gartenstädtische Siedlung gebaut wurden. Besonders augenfällig wird dies, wenn man die Gutkindbauten der Siedlung "Neu-

---

[150]   http://de.wikipedia.org/wiki/Siedlung_Neu-Jerusalem, Stand: 15.10.2013, 11:32.

Jerusalem" mit denen der Gartenstadt Staaken vergleicht, die sich nur wenige hundert Meter entfernt befindet.

Auch wenn die Architektur der Gebäude allein schon beeindruckend ist, so wird dieser Eindruck durch die reichhaltige und vielfältige Farbgestaltung noch gesteigert. Der Architekt spielt mit unterschiedlichen Farbkombinationen in den Straßenzügen, um immer wieder neue Eindrücke zu kreieren. Ihren krönenden Abschluss findet dieses Farbspiel in dem Zusammenwirken mit dem Grün der geplanten Schutzhecken.

Bisher unbeachtet von der Denkmalpflege blieb die geplante Freiraumgestaltung. Die Planungen zeigen eine Symbiose von Haus und Garten, von Gebäuden und Freiraum-gestaltung, in der die Hecken, Wege und Rasenflächen die Form und Farbigkeit der Bauten aufgreifen und zu einem einheitlichen Ganzen weiterentwickeln. Erst diese gemeinschaftliche Betrachtung erlaubt, das volle Potential dieses Ensembles zu erleben.

Die Bedeutung als Fliegersiedlung ist weit größer als bisher angenommen. Es kann davon ausgegangen werden, dass es sich um die erste Fliegersiedlung in Mitteleuropa handelt – möglicherweise noch darüber hinaus – und muss dahingehend als ein Meilenstein in der Geschichte der Fliegerei angesehen werden.

9 Namensgebung

Woher die heute geläufige Bezeichnung „Neu-Jerusalem" [151] für die Siedlung ursprünglich stammt, ist nicht geklärt. Gutkind selbst bezeichnete sie nach der Bauweise der Doppelhäuser als „Flachbausiedlung Berlin Staaken" (Gutkind E. A., 1926, S. 7 f) bzw. Flachhaussiedlung (Gutkind E. A., 1926, S. 8).[152] Die Bezeichnung Flachbausiedlung hat sich durchgesetzt und ist schließlich als solche in die Denkmalliste eingetragen worden (Denkmalliste).

Die Bauten der Siedlung wurden in den Adressbüchern von Berlin 1927 – 1943 unter der Anschrift „Siedlung an der Heerstraße" geführt.[153] Zeitgenössische Ansichtskarten der Siedlung bestätigen diese Bezeichnung. (Abb. 44 und 45) Nach der Umbenennung der Königsstraße in Nennhauser Damm 1932 wurden die dort gelegenen Bauten in den Berliner Adressbüchern ab 1934 separat unter „Nennhauser Damm 159 – 175" geführt. [154] Möglicherweise hat die Bezeichnung „Neu-Jerusalem" bereits in der Weimarer Zeit im Volksmund existiert.

Mehrfach wird in der Literatur ein Bezug zwischen dem jüdischen Architekten und dem Namen der Siedlung hergestellt.[155] Diese Erklärungen scheinen nicht plausibel, da sich die Bezeichnung „Jerusalem" bzw. „Neu Jerusalem" für eine ganze Reihe von Siedlungen der späten 1920er Jahre eingebürgert hat, deren Architekten und Bauherren nicht in jedem Fall Juden waren. Es handelt sich dabei u. a. um die

---

[151] Als Neu-Jerusalem werden auch bezeichnet:
- Teile Jerusalems außerhalb der Stadtmauern bzw. der Altstadt,
- der jüdische Westteil Jerusalems (West-Jerusalem) im Gegensatz zum arabischen christlich-muslimischen Ost-Jerusalem (Altjerusalem)
- Lalibela in Äthiopien (auch „Jerusalem des Südens" oder „Jerusalem Afrikas") und
- das russische Kloster Neu-Jerusalem in der Nähe von Moskau.

[152] Als Flachbau „bezeichnete man Bauten von höchstens zwei Geschossen,[...] die entweder als Einfamilienhäuser, Doppel- oder Reihenhäuser ausgeführt werden. ... Der Flachbau gilt vielfach als ideale Wohnform [...] – nicht zuletzt infolge des engen Zusammenhanges zwischen Wohnung und Garten, der geradezu als Erweiterung der Wohnung angesehen werden kann. (Adler, 1930, S. 481) Der Begriff Flachhaus wird im genannten Lexikon nicht erwähnt.

[153] Diese Bezeichnung einer Siedlung nach dem Ort war seinerzeit üblich. Die Bezeichnung Siedlung Heerstraße taucht dann auch immer wieder auf:
- Louise-Schroeder-Siedlung (1961-1967) hieß bis zur Namensgebung „Siedlung Heerstraße",
- Siedlung Heerstraße in Berlin Grunewald (1920-1926).

[154] Die Umbenennung erfolgte um Namensdoppelungen von Straßennamen nach der Eingemeindung zu vermeiden.

[155] Haney spekuliert, dass Gutkind selbst, der einer jüdischen Familie der Mittelschicht entstammt, der Siedlung aufgrund seiner Herkunft den offiziellen Namen „Neu Jerusalem" gab. (Haney, 2010, S. 157). Er beruft sich dabei auf Hierl, der jedoch darauf verweist, dass es sich um eine „im Berliner Volksmund gängige Bezeichnung der Siedlung" handelt (Hierl, 1992, S. 31 Fn. 31). Auch Wahrhaftig stellt einen Zusammenhang zwischen dem jüdischen Architekten und der Namensgebung her. (Wahrhaftig, 2005, S. 202 ff)

- Siedlung „Eigene Scholle" in Forst, auch „Jerusalem" genannt, erbaut 1926/27 (Graubner & Töpfer, 2004, S. 50 f) (Hübener, 2012, S. 78)[156]

- Weißenhof-Siedlung in Stuttgart, als „Araberdorf" bezeichnet, erbaut ab 1927, (Roeder, 1995, S. 9), Abb. 47)

- Hans-Richter-Siedlung in Dresden Trachau, erbaut ab 1928,

- Flachdachsiedlung in Glogau südlich der Eichendorffstraße, erbaut 1928 (Burkert, 2004) und die

- Rentengutsiedlung („Jerusalemhäuser") in Fehrbellin, erbaut 1929-1931 (Hüter, 1995, S. 81)(Abb. 46)

- Siedlung Eiernest in Stuttgart-Heslach, erbaut 1927 von Bloch & Guggenheimer (Wahrhaftig, 2005, S. 77)

- Siedlung in Dortmund-Kemminghausen, im Volksmund "Jerusalem" genannt;[157] und die

- Siedlung „Jeruzalem" in Amsterdam-Oost/Niederlanden, 1950 – 1954 errichtet.

Zusammenfassend lässt sich feststellen, dass es sich dabei ausschließlich um Siedlungen handelt, die sich den Stilelementen des Neuen Baues verpflichteten. Mit den „orientalisch" anmutenden kubischen Formen, den Flachdächern und den schlichten hellen Fassaden erinnern die Bauten an die typische Architektur Nordafrikas und des Nahen Ostens jener Zeit, die sich auch als Illustrationen in alten Schulbüchern zur biblischen Geschichte fanden, in denen Jerusalem entsprechend dargestellt wurde. Es handelt sich dabei um einen beschreibenden Begriff, der sich dieser Assoziation bedient. Tatsächlich wurde um 1920 für die Besiedlung Palästinas durch jüdische Einwanderer eine Gartenstadt entworfen. [158] Die spiegelbildliche Anordnung der Flachdachbauten mit glatter heller Fassade, die durch Mauern verbunden sind, findet sich dann auch in der Siedlung „Neu-Jerusalem" wieder (Soskin, 1920, S. Anhang Blatt 1 und 2).

Parallel zur Radikalisierung der gesellschaftlichen Gruppen ab Mitte der 1920er Jahre zeichnete sich diese Spannung auch in den Künsten ab. Der sich zuspitzende

---

[156]   Hier wird in der Bezeichnung auf das Himmlische Jerusalem des Mittelalters aufgrund der die Siedlung umfassenden Mauer Bezug genommen. Da, obgleich die Bezeichnung vielfach Verwendung für Siedlungen der 1920er bis 1940er Jahre fand, nur in diesem Fall ein Bezug auf das Himmlische Jerusalem genommen wurde, muss diese Erklärung als fraglich angesehen werden.

[157]   Der Name entstand auf Grund der damaligen Flachdachbauweise.

[158]   Mit der gärtnerischen Planung wurde Leberecht Migge betraut (Soskin, 1920, S. 46). Für die geplante Siedlung nahm man Bezug auf Peter Behrens und die von ihm propagierte Gruppenanordnung von Gebäuden zur Verkürzung und „zur Belebung des Gesamtbildes dieser sich sonst zu sehr stadtähnlich hinstreckenden Straße." Der Architekt der Siedlung ist nicht benannt.

Gegensatz zwischen Modernisten und Traditionalisten fand ebenfalls in der Architekturdiskussion jener Jahre seinen Ausdruck. Die Bezeichnung „Neu-Jerusalem" wurde in den Jahren um 1925 noch als typisierende Bezeichnung genutzt. Dann wandelte sich der Gebrauch dieses Begriffs zunehmend zur Diffamierung nicht gewollter Architekturformen der Modernisten. Am Radikalsten zeigte sich der Wandel in der Wortschöpfung „Arabersiedlung"[159] als Schimpfwort für die Flachdachbauten der Weißenhofsiedlung in Stuttgart, die durch eine 1928 in Umlauf gebrachte Ansichtskarte propagiert wurde. (Abb. 47) Die Bezeichnungen „Jerusalem" bzw. „Neu-Jerusalem" schienen sich bereits in den 1920er Jahre durchgesetzt zu haben. In einem Bericht zum fünfjährigen Bestehen der Weißenhof Siedlung „die das gutmütige schwäbische Volk bald „Neu-Jerusalem", taufte" tauchte der Name erstmals auf". (Kirsch, 2002)

Die Nationalsozialisten nutzten diese Bezeichnung für propagandistische Zwecke. Damit sollte die Andersartigkeit dieser – insbesondere durch jüdische Architekten entworfenen – Architektur des Neuen Bauens gegenüber dem konservativen „deutschen Bauen" im Dritten Reich gebrandmarkt werden (Roeder, 1995, S. 9 ff). Die Architekten dieser Bauten wurden als „Kulturbolschewisten" bezeichnet, was dann den Ausschluss aus der Reichsarchitektenkammer und ein Berufsverbot nach sich zog. Auch Gutkind war davon betroffen.

Da die Siedlung 55 Jahre unpubliziert blieb, finden sich keine weiteren Hinweise auf eine Namensgebung. In der DDR-Zeit wurde die Siedlung von den Bewohnern als „Klein Jerusalem" bezeichnet.[160] Die Bezeichnung „Neu-Jerusalem" taucht erstmals 1971 in der Literatur auf[161] und wird seitdem von allen Autoren[162] konsequent wiederholt. Durch die Eintragung der Siedlung 1995 unter der Bezeichnung „Neu-Jerusalem" in die Denkmalliste erlangte die vermutlich dem Volksmund entstammende Bezeichnung „offiziellen" Charakter. Bei der Aktualisierung der Denkmalliste 2004 wurde stattdessen auf die historisch belegte Bezeichnung Flachbausiedlung zurückgegriffen. Trotzdem wird, obwohl nicht offiziell bestätigt, die Staakener Siedlung unter der Bezeichnung „Neu-Jerusalem" in den Stadtplänen vermerkt. (Schnaibel, 2006)

---

[159] Besonders deutlich wird die Herabsetzung des Neuen Bauens vor dem Hintergrund, dass bis in die 1930er Jahre Palästina als „Architektur-leerer" Raum bezeichnet wurde (Heinze-Mühleib, 1986, S. 35) und die arabischen Dörfer als „architecture without architects" galten. (Heinze-Mühleib, 1986, S. 36 Fn. 1)

[160] christine Büttner 26. Februar 2010 um 22:22 | #13, Quelle: http://vilmoskoerte.wordpress.com/2009/05/19/siedlung-neu-jerusalem-in-berlin/, Stand: 15.10.2013, 11:32.

[161] (Jahn, 1971, S. 297)

[162] (Grothe, 1982, S. 74); (Hierl, 1992, S. 31); (Güttler, 2002, S. 242 f), (Baumann, 2002, S. 222 ff.); (Haney, 2010, S. 157)

10 Bauherr, Eigentümer und Verwalter

10.1 Verwaltung bis zum Kriegsende 1945

Aus den Berliner Adressbüchern geht hervor, dass zumindest in der Bauphase 1926, die Wilmersdorfer Hochbau-Gesellschaft (Steglitz), ein Privatmann[163] und eine Luftsportorganisation[164] Eigentumsrechte gehabt haben sollen. Die Siedlung soll um 1925/26 noch vor der Anlage der Gärten verkauft worden sein. (Baumann, 2002, S. 224)[165] Spätestens seit 1927 gehörten 15[166] der späteren 21 Doppelhäuser der Deutschen Gartenstadt Gesellschaft, auf die immer wieder in der Literatur verwiesen wird.[167] Die verbleibenden sechs Doppelhäuser[168] gehörten der Gesellschaft zur Förderung des Wohnungsbaus (DEWOG).[169] Die im Besitz der DGG befindlichen Doppelhäuser mietete ab 1926 die DVS für fünf Jahre als Generalpächter bis 1932.[170]

---

[163] Der Gastwirt E. Humpert betrieb das „Flieger-Kasino" 1928-1929. (Berliner Adressbuch, 1919 ff.). Im Berliner Adressbuch ist das Haus 1-2 angegeben, jedoch belegt eine historische Ansichtskarte, dass es sich um das Haus 9-10 handelt, in dem sich von 1930-1932 Hartwigs Bierstube befindet.

[164] Die Sportflug G.m.b.H. (Berlin) entstand 1924 mit Hilfe der Reichswehr mit zehn Fliegerschulen. An diesen Fliegerschulen sollte das Personal für eine künftige Luftstreitmacht herangezogen werden. Vermutlich war bei der Entscheidung, diese Einrichtung zu gründen, auch das Heerespersonalamt beteiligt. (Korrell, 2010, S. 100 f.)

[165] Dass die Siedlung vor der Anlage der Gärten verkauft wurde, wird bei anderen Quellen nicht so explizit erwähnt, sondern ergab sich aus der Auswertung der vorliegenden Unterlagen und wurde dem Autor von den Anwohnern so berichtet. (E-Mail von M. Baumann, 12. September 2013) Zeitpunkt und Erwerber sind nicht benannt. Weitere Belege dazu finden sich nicht.

[166] DHH 1-2 bis 25-26 und 31-32 bis 33-34.

[167] Die genaue Bezeichnung des Bauherrn in der Literatur ist unterschiedlich:
  * Gartenstadt-Gesellschaft m.b.H. Berlin-Bohnsdorf Grünau: (Teufel, 2008, S. 3), (Baumann, 2002, S. 222) (Güttler, 2002, S. 243) (Mühl, 2012, S. 36)
  * Deutsche Gartenstadtgesellschaft m.b.H. Berlin: (Migge L. , 1924, S. 427) (Ochs, 1999)
  * Bauabt. der deutschen Gartenstadtges. m.b.H.: Archiv des Stadtgeschichtlichen Museums Spandau: Nennhauser Damm (ex Königsstr.), Nummerierungsplan, 9. März 1932, Nr. 175-159 ungerade. Baupolizei Spandau Nr. 70: Nummerierungsplan Nennhauser Damm vom 9. März 1932, Auszug aus dem Grundbuch Spandau, Bd. 39, Bl. 1145, Krt. Bl. 1. Parzelle, Nennhauser Damm 159 bis 175 (ungerade)
  Auch in den Berliner Adressbüchern tauchen unterschiedliche Bezeichnungen auf, die aber nur als Umfirmierungen zu werten sind.

[168] DHH 27-28, 29-30 und 35-36 bis 41-42.

[169] Die DEWOG wurde 1924 für die Wahrnehmung der Interessen der Arbeiter, Angestellten und Beamten auf dem Gebiete der Wohnungswirtschaft gegründet. Zusammen mit den Berliner Spitzenorganisationen der Freien Gewerkschaften war diese Träger der GEHAG. Zu den Gründern zählte u. a. Martin Wagner. Zweck war der Bau und die Betreuung von Kleinwohnungen im eigenen Namen zum ausschließlichen Zweck der Beschaffung gesunder und zweckmäßig eingerichteter Kleinwohnungen zu angemessenen Preisen. Das Eigentum an den von ihr erstellten Wohnungen sowie deren Verwaltung und Bewirtschaftung übertrug sie einer am 3. Mai 1925 gegründeten 100%igen Tochtergesellschaft der „Berliner Gesellschaft zur Förderung des Einfamilienhauses" (Einfa).

[170] Mit der Niederlage von 1918 wurde auf der Grundlage der Versailler Vertrages dem Deutschen Reich sowohl die Produktion von Militärflugzeugen als auch die Aufstellung einer Luftwaffe untersagt. Allein der Flugsport war zugelassen. Die neu gegründete Reichswehr unternahm jedoch schon bald erste Schritte im Verborgenen, ehemaligen Militärpiloten ein Training zu ermöglichen. Eine Organisation, die zu diesem Zweck aufgebaut wurde, war die DVS G.m.b.H. (Abb. 48 und 49) Als Standort wurde der wenig genutzte Flugplatz Staaken am westlichen Rande Berlins bestimmt. Am 1. April 1925 wurde die DVS gegründet und am 9. Mai des Jahres beim Reichsverkehrsministerium ein Antrag auf Ausbildungsgenehmigung gestellt, der am 7. August positiv beschieden wurde. Obgleich nach außen hin Ziel der DVS die Ausbildung von Zivilpiloten u. a. der Lufthansa war, handelte es sich tatsächlich um eine Tarnorganisation zum Aufbau einer neuen Luftwaffe. Auf der Grundlage des Pariser Luftfahrtabkommens vom 21. Mai 1926 wurde dem

(Anlage 5)[171] Zur ersten Nutzung der Siedlung der Häuser der Siedlung äußerte Gutkind selbst, dass die Siedlung „in der Hauptsache von Angehörigen der Fliegerschule bewohnt" ist. (Gutkind E. A., 1926, S. 7) Diese differenzierte Äußerung wurde in der Fachliteratur immer wieder neu interpretiert.[172]

In den Jahren bis zur Verlegung der DVS 1927 waren die Häuser vor allem durch Flieger oder Flugschüler bewohnt. Die anderen Bewohner der Siedlung waren zumeist in metallverarbeitenden Berufen beschäftigte und möglicherweise auch auf dem nahen Flugplatz tätig. Der Flugbetrieb nahm nach der Gründung der DVS stetig zu, so dass bereits 1927 in Schleißheim bei München ein weiterer Standort aufgebaut wurde. Aus Kapazitätsgründen, und da Berlin zu sehr im Blickpunkt der internationalen Beobachter lag, entschied man sich, die Flugausbildung nach Braunschweig zu verlegen. Am 23. März 1928 wurde die Umsiedlung beschlossen, die Anfang 1929 umgesetzt wurde.[173] Auch wenn die DVS noch einige Jahre Generalpächter blieb, so folgte auf den Umzug der Verkehrsfliegerschule der Leerstand. Über 80 % der DHH (34 von 42 DHH) waren kurzfristig unbewohnt. (Anlage 6)[174] Die Bauten der Wohnungsfürsorge Großberlin waren vom Leerstand nicht betroffen. Danach war die Zusammensetzung der Bewohner der Siedlung eher unspezifisch. (Berliner Adressbuch, 1919 ff.)

Ob die Siedlung auch eigens für die DVS geplant und gebaut worden war ist spekulativ.[175] Dennoch sprechen einige Tatsachen dafür:

- die Lage in der Nähe der Ausbildungsstätte,
- der Fertigstellungszeitraum, der mit der Gründung der DVS zusammenfällt,
- die geringe Größe der Siedlung, die nur für 42 Familien Unterkunft bietet – aber eben genug für die DVS,

---

Deutschen Reich die Subventionierung der Fliegerausbildung für Zwecke der Verkehrsluftfahrt offiziell zugestanden. (Korrell, 2010, S. 100 f).

[171] Anlage 5: Eigentümer und Verwalter 1926 bis 1943.

[172] Erstmalig durch Jahn erwähnt, der angab, dass die Siedlung „für die Arbeiter des Luftschiffhafens Staaken" (Jahn, 1971, S. 297) erbaut wurde. Später waren es Angehörige der Fliegerakademie des Luftschiffhafens Staaken. (Hierl, 1992, S. 31) (Güttler, 2002, S. 143) Dann wieder nutzten „Schüler der Fliegerakademie und Beschäftigte des benachbarten Luftschiffhafens Staaken" die Häuser. (Baumann, 2002, S. 224) Schließlich sollte die Gebäude als Unterkunft für Pilotenschüler der nahegelegenen Schule und des Flugplatzes dienen. (Haney, 2010, S. 157)

[173] Dies geschah gerade noch rechtzeitig, da der Artikel von Heinz Jäger, alias Walter Kreiser, „Windiges aus der deutschen Luftfahrt" („Die Weltbühne", Nr. 11 vom 12. März 1929) die Machenschaften der Reichswehr ans Licht brachte. Die Zeitschrift gelangte zu Weltruhm, der Herausgeber, Carl von Ossietzky und der Verfasser aber kamen wegen dieses Artikels ins Gefängnis. (Korrell, 2010, S. 102)

[174] Anlage 6: Analyse der Nutzung und der Bewohner der Siedlung 1928 – 1942.

[175] Die einschlägige Literatur zur Geschichte des Flugplatzes enthält keine Hinweise auf die Siedlung oder gar auf einen Zusammenhang zwischen der Siedlung und dem Flugplatz. (Czymay, 2001, S. 83 ff.); (Deutsche Lufthansa Aktiengesellschaft, 1985, S. 13 ff.) (During R. E., 1985) (Franke, 1938, S. 17-25) (Korrell, 2010) (Wagner, 1987)

- die Planung entlang der Heerstraße, die als Zufahrtsstraßen von und nach Berlin oder für Truppenbewegungen konzipiert diente.

Dagegen sprechen vor allem:

- die Bauherrenschaft durch die DGG, deren Ziele sich nicht mit denen einer Fliegersiedlung in Einklang bringen lassen,
- die modere Bauweise der Gebäude, die dem Konservatismus des Militärs in architektonischen Fragen zuwiderläuft,
- die Planung von Selbstversorgergärten und Berücksichtigung von Anbauten für Gartengeräte und Stallungen.

Unabhängig von der Planung handelt es sich durch die spezifische Nutzung, die sich von den sonst üblichen Werkssiedlungen oder Gartenstädten jener Zeit klar unterscheidet, um eine Fliegersiedlung.[176] Die erst in den „Kinderschuhen" steckende neue Technologie – der Luftverkehr – erhielt hier seine erste spezifische Siedlung im Deutschen Reich und möglicherweise auch darüber hinaus.

Nachdem die DVS als Generalpächter ausgeschieden war, übernahm 1932 eine Privatperson (O. Schulz) übergangsweise die Verwaltung. Ab 1933 wurde die Verwaltung von „Neu-Jerusalem", wie übrigens auch die anderen von Gutkind für die DGG gebauten Siedlungen, von der Einfa übernommen, einer Tochtergesellschaft der GEHAG[177][178] (Abb. 50)

Bereits kurz nach dem Machtantritt der Nationalsozialisten 1933 wurden die Gewerkschaften aufgelöst. Ihre Vermögen, und damit auch das der GEHAG, wurden auf die

---

[176] Fliegersiedlungen unterteilen sich dem Begriff nach in zwei Kategorien:
- Siedlungen, insbesondere der frühen 1920er Jahre, in denen die Straßen nach bekannten Fliegern des Ersten Weltkriegs benannt wurden (z. B. Berlin-Tempelhof) und
- Siedlungen im Deutschen Reich, insbesondere die, die nach dem Aufbau der Luftwaffe ab 1935, zur Unterbringung von Flughafenpersonal oder Piloten (z. B. die Fliegerhorst-Siedlung in Berlin-Gatow) gebaut wurden.

[177] Die Einfa wurde am 3.Mai 1925, als 100 %-ige Tochtergesellschaft der GEHAG gegründet. Sie verwaltete deren Haus- und Wohnungsbestand. Weitere Siedlungen, die von der Einfa verwaltet wurden waren:
- die „Hufeisensiedlung" in Britz,
- die Gartenstadtsiedlung Zehlendorf (die Bezeichnung als Siedlung „Onkel Toms Hütte" gab es damals noch nicht),
- die Wohnstadt Carl Legien im Bezirk Prenzlauer Berg,
- die Siedlung Buschallee in Weißensee,
- den AFA-Hof in Treptow
Im Auftrage der „Deutschen Gartenstadt-Gesellschaft mbH" auch deren Wohnanlage an der Hardangerstraße in Pankow. (Schäche, 1999, S. 30 ff.)

[178] Ab 1933, also mit der Zerschlagung des gewerkschaftlichen Wohnungsbaus, agierten die Einfa und die DGG unter der gleichen Anschrift: Berlin SO 36, Köpenicker Str. 80-82, was dafür spricht, das Gesellschaften bereits der Gleichschaltung unterworfen waren.

Deutsche Arbeitsfront übertragen.[179] Die Einfa nahm noch bis zu ihrer Auflösung im August 1939 weiterhin die Verwaltung der Siedlungen wahr. Danach übernahm die schon 1935 gegründete Verwaltungsabteilung der GEHAG für die Deutsche Arbeitsfront die Verwaltung. (Schäche, 1999, S. 99 ff.)

10.2 Verwaltung nach 1945

Nach dem Gebietstausch vom August 1945 wurde West-Staaken, und damit auch die Siedlung „Neu-Jerusalem", der sowjetischen Besatzungszone zugeschlagen. Der Magistrat von Groß-Berlin hatte beschlossen, dass Grundstücksgesellschaften und Eigentümer mit ihrem gesamten Vermögen sowie dem Vermögen der von ihnen abhängigen, in Berlin ansässigen Tochtergesellschaften, enteignet werden.[180] Ihr Vermögen wird in das Eigentum des Volkes überführt. Den Unternehmen und Gesellschaften ist jede weitere Tätigkeit in Groß-Berlin verboten."[181] (Renger, 1990, S. 234) Am 25. Juli 1950 wurde das Gesetz umgesetzt. Da die Siedlung zum „Verwaltungsbereich des demokratischen Magistrats von Gross-Berlin" gehört, wird die Verwaltung durch die volkseigene Grundstückverwaltung „Heimstätte Berlin"[182] übernommen. Damit gilt West-Staaken als zum Bezirk Mitte gehörig. Die Mieter wurden durch Aushang über diese Änderung informiert und darauf hingewiesen, dass die Miete nur noch in „Deutscher Mark der Deutschen Notenbank" zu zahlen ist.[183] Noch im gleichen Jahr wurde das nunmehrige Eigentum des Volkes als solches in das Grundbuch eingetragen.[184] Mit der Besetzung von West-Staaken im Februar 1952 durch die Volkspolizei wurde dieser Verwaltungsbereich im Juni 1952 dem Rat des Kreises

---

[179]   Beschlagnahmeanordnung des Generalstaatsanwalts beim Landgericht Berlin vom 9./12. Mai 1933 aufgrund § 1 der Verordnung des Reichspräsidenten zum Schutz von Volk und Staat vom 28. Februar 1933 beschlagnahmt (Zerschlagung der Gewerkschaften).

[180]   „Verordnung zur Überführung von Konzernen und sonstigen wirtschaftlichen Unternehmungen in Volkseigentum" vom 10. Mai 1949

[181]   Die Gartenstadt-Gesellschaft m.b.H. Berlin-Bohnsdorf Grünau, Prachwitzer Straße 100 ist in der Liste C (Grundstücksgesellschaften und Eigentümer) unter Nummer 5 aufgeführt. (Renger, 1990, S. 244)

[182]   Der Magistrat von Groß-Berlin beschloss am 8. November 1949 die Verordnung über die Errichtung der Volkseigenen Grundstücksverwaltung "Heimstätte Berlin", Anstalt öffentlichen Rechts (HeimStVO), die mit ihrer Verkündung im Verordnungsblatt für Groß-Berlin am 21. November 1949 in Kraft trat. Die Verordnung enthielt in § 1 u.a. folgende Bestimmung:
„(1) Zur Verwaltung der vermieteten und verpachteten Grundstücke, insbesondere der Wohngrundstücke, die in Volkseigentum überführt worden sind oder werden, wird die Volkseigene Grundstücksverwaltung "Heimstätte Berlin" Anstalt öffentlichen Rechts errichtet [...]
(2) Die Anstalt ist der Rechtsträger der gemäß Gesetz vom 8. Februar 1949 zur Einziehung von Vermögenswerten der Kriegsverbrecher und Naziaktivisten und gemäß Verordnung vom 10. Mai 1949 zur Überführung von Konzernen und sonstigen wirtschaftlichen Unternehmen in Volkseigentum überführten Grundstücke, soweit sie nicht durch besondere Bestimmungen anderen Rechtsträgern übertragen sind.
(3) Auf die Anstalt werden die Vermögenswerte der bisherigen städtischen und vorwiegend stadteigenen Wohnungs- und Grundstücksunternehmen, die in Liquidation treten, als Volkseigentum übertragen."

[183]   Schreiben des Oberbürgermeisters von Ost-Berlin an die Heimstätte vom 17.07.1950. (LA B Rep. 109 Nr. 3951)

[184]   Bis 1951 war die DGG noch als Eigentümerin im Grundbuch Bl. Nr. 1145 (alt) Staaken eingetragen.

Ost-Havelland unterstellt. [185] Die Siedlung wurde daraufhin bis zur deutschen Wiedervereinigung (Herstellung der Einheit Deutschlands) 1990 durch die Kreis-grundstücksverwaltung Nauen (ab 1961 Kommunale Wohnungsverwaltung Nauen) verwaltet.[186]

10.3 Verwaltung nach 1990

Nach der Wiedervereinigung war die Eigentumsfrage vorerst ungeklärt. Der ursprüngliche Eigentümer (Gartenstadt-Gesellschaft m.b.H. Berlin-Bohnsdorf Grünau) existierte nicht mehr und ein Rechtsnachfolger war nicht bekannt.[187] Die „Heimstätte Berlin", in deren Verwaltung sich die Siedlung zuletzt noch befand, sollte den Grundbesitz wieder herausgeben, was jedoch zu einem Rechtsstreit führte. Auch von Dritter Seite wurden Ansprüche von Alteigentümern angemeldet, die erst 2005 entschieden wurden. [188] Bis zur Klärung der noch offenen Eigentumsfrage ging die Siedlung zur Verwaltung an das Land Berlin (die Mehrzahl der Bauten an den Bezirk Spandau und ein Teil an den Liegenschaftsfond Berlin) über. Seit dem 3. Oktober 1990 wurde die Siedlung insgesamt treuhänderisch durch die Gemeinnützige Siedlungs- und Wohnungsbaugesellschaft (GSW) verwaltet. Nach Klärung des Rechtsstreits wurde ein Verkauf der Siedlung beschlossen. Um einen Verkauf der Siedlung zu ermöglichen, gab der Bezirk Spandau 2007 seine Anteile an den Liegenschaftsfond Berlin ab. Zum Verkauf standen ausschließlich die DHH. Der Liegenschaftsfond sah die Verkaufs-aussichten zuerst eher negativ: „Rechnet man noch die baulichen Vorschriften durch den Denkmalschutz und die Lärmbelästigung durch die nahe Heerstraße mit ein, die die Siedlung in zwei Hälften teilt, könnte es sehr kompliziert werden, überhaupt einen Investor zu finden". (pec, 2006) Doch erwiesen sich die Bedenken als grundlos. Der Immobilienmarkt in Berlin zog Käufer aus aller Welt an, die bereit waren für denkmal-geschützte Immobilien Rekordpreise zu bieten. In einem "bedingungsfreien Bieterverfahren und ohne Auflagen" wurde die Siedlung 2007 zum Verkauf angeboten. Zum 1. April 2008 wurde die Siedlung vom Liegenschaftsfonds an den dänischen Projektentwickler "Northern Cross Estate G.m.b.H." (NCE)[189] veräußert. (oew, 2008) Der

---

[185]   BLHA Rep 401 Nr. 15649.

[186]   Nach Unterlagen des Landesdenkmalamtes Berlin war die Kommunale Wohnungsverwaltung Falkensee zuständig. (Vermerk vom 27.02.1992, AZ Lks I 3)

[187]   Nicht betroffen davon war das Fertigteilhaus, das bereits 1961 verkauft wurde und somit eigentumsrechtlich nicht mehr Teil der Siedlung war. Siehe auch Kapitel 6.7: Fertigteilhaus.

[188]   Urteil des Bundesverwaltungsgerichts vom 23. Februar 2005; AZ.: BVerwG 8 C 2.04 VG 6 K 407/97.

[189]   NCE Berlin, Schillerstraße 106, 10625 Berlin. Gegenstand: Der Ankauf, die Entwicklung, der Verkauf von Immobilien und Grundstücken sowie deren Verwaltung einschließlich der Baukoordinierung und Sanierung durch Vergabe an Unternehmen. (Handelsregisterveröffentlichung vom 27.02.2008)

Liegenschaftsfond meldet daher stolz: „ein langjähriger Ladenhüter, die stark sanierungsbedürftige Siedlung „Neu-Jerusalem" an der Heerstraße in Spandau, [konnte] endlich verkauft [werden]. Die 21 freistehenden Doppelhäuser [...] gingen an einen dänischen Investor. ‚Auch hier haben wir einen Preis deutlich über dem Verkehrswert erzielt'. (Jürgens, 2011)

Die NCE beauftragte die Architektenpartnerschaft „3PO Bopst Melan"[190] mit der Planung der Renovierung der maroden Siedlung. Die Architektengemeinschaft berichtet auf ihrer Internetseite: „Die Siedlung soll innerhalb der nächsten Jahre instandgesetzt werden. Dafür wurde ein Sanierungskonzept entwickelt, das die Rückführung in Doppelhäuser bei gleichzeitig behutsamer Anpassung an heutige Wohnstandards vorsieht.[191] Um die Fragen des Denkmalschutzes zu klären beauftragte das Architekturbüro 2008 die Erstellung eines denkmalpflegerischen Konzeptes bei der Diplom Restauratorin Andrea Teufel.[192] Von 2007 bis November 2011 betreute das Büro Lutz Ehmke Immobilien e.K. die Siedlung. In dieser Zeit hat das Büro nach eigenen Angaben „alle Fragen rund um die Erschließung, der denkmalgerechten Sanierung, der Mieterbetreuung einschließlich der Verhandlungen von Umsetzung bzw. Mietvertragsauflösungsvereinbarungen[193] und der Entwicklung eines rentablen Vermarktungskonzepts entwickelt und gelöst."[194] Die Pläne des Investors, die Häuser sanieren zu lassen und dann zu verkaufen, sind letztendlich gescheitert. Schließlich drohte dem Investor die Insolvenz und er verkaufte 2012 die DHH. (N.N., 2012) Im April 2012 [...] wurde die ganze Siedlung mit der Eigentümergesellschaft [an die ‚Prinz von Sachsen Immobilien Gmb'] weiter verkauft". Entgegen den Auflagen der Obersten Denkmalschutzbehörde Berlin, werden die DHH einzeln an verschiedene Einzeleigentümer weiterverkauft.[195] Es steht zu befürchten, dass die Siedlung nun zerrissen und nicht mehr einheitlich saniert wird. Auch die mancherorts zu findende Angabe, dies sei mit wenig handwerklichem Aufwand zu realisieren, ist aus denkmalpflegerischer Sicht fragwürdig.[196]

---

[190] 3PO Bopst Melan, Architektenpartnerschaft BDA, Graf-von-Schwerin-Straße 2, 14469 Potsdam Projektdaten: Planungsbeginn 07/2008, Bauherr NCE Northern Cross Estate GmbH), Zusammenarbeit Marcel Adam Landschaftsarchitekten.

[191] http://www.3po.de/architekten-potsdam_projekte_1_14_31.htm, Stand: 15.10.2013, 10:40.

[192] „Restauratorische Befunderhebung zu historischen Gestaltungen der Fassaden und der Treppenhäuser, 21 Doppelhäuser der Siedlung Neu Jerusalem" (Teufel, 2008)

[193] Eine höfliche Umschreibung für die Verdrängung der Altmieter.

[194] http://www.immobilien-ehmke.de/projekt.html, Stand: 15.10.2013, 11: 45

[195] http://de.wikipedia.org/wiki/Siedlung_Neu-Jerusalem, Stand: 15.10.2013, 11:32.

[196] http://www.immobilien-ehmke.de/projekt.html, Stand: Stand: 15.10.2013, 11: 45.

10.4 Die Bewohner der Siedlung

Die DVS war bis 1932 Generalmieter der Häuser der DGG. Die anderen Häuser wurden von der DEWOG verwaltet. Nicht nur in den Häusern der DVS waren die Berufsgruppen vorherrschend, die mit dem Flugplatz in Bezug stehen, sondern auch in denen der DEWOG. Flugschüler nutzten nur in den Jahren 1927 und 1928 in drei bzw. ein Doppelhaus. Die DVS führte den Schulungsbetrieb am Flugplatz Staaken nur bis 1928 durch. Trotzdem lief der Pachtvertrag noch bis 1931 weiter.[197] Mit dem Wegzug der DVS kam es 1929 zu einem fast völligen Leerstand in den Gebäuden der DVS. Danach kann von voller Vermietung ausgegangen werden. Prägender Berufszweig war das Metallgewerbe. Dabei waren die dem gehobenen Bürgertum angehörenden Ingenieure und Meisterberufe in der Mehrzahl. Zweifellos hinterließen die Machtergreifung der Nationalsozialisten am 30. Januar 1933 und die Gründung der Luftwaffe am 1. März 1935 auch in der Mieterstruktur ihre Spuren, doch waren diese nicht prägend für die Siedlung. (Gößwald, 2013, S. 39 f.) Obgleich einige Militärs dort wohnten, handelte es sich dabei jedoch stets um niedrige Diensträge (Unteroffiziere). Das diese der Luftwaffe angehörten, ist sehr wahrscheinlich.

Die Bauten waren mit einer Wohnung je DHH geplant. (Gutkind E. A., 1926, S. 7) Tatsächlich lag die durchschnittliche Belegung bei zwei, in Einzelfällen sogar bei drei bis vier Familien je DHH. Es muss daher davon ausgegangen werden, dass die Etagen oder gar Räume einzeln vermietet wurden. Dies hat auch Auswirkung auf die Innen-ausstattung. Es gab von Beginn an sanitäre Gemeinschaftseinrichtungen (Toilette, Bad, Küche). Noch 1996 wohnten in den 42 Haushälften 83 Mietparteien (durchschnittlich zwei Familien je DHH). (Lennart, 1996)

Insgesamt herrschte unter den Mietern eine hohe Fluktuation. Nur vereinzelt blieben die Mieter über mehrere Jahre in der Siedlung wohnen. Diese Feststellung ist nicht ungewöhnlich für diese Zeit.[198] Die hohe Fluktuation und die hohe Nutzungsdichte lassen eher das Wesen eines Boardinghouse[199], denn das einer Gartenstadtsiedlung aufkommen. Erst in den Kriegsjahren ließ die Fluktuation nach. Die Kriegszeit überstand die Siedlung trotz der Nähe zum Flugplatz und zu Rüstungswerken in der

---

[197]   Vermutlich handelte es sich um einen Fünf-Jahresvertrag.

[198]   Aus einer vergleichenden Untersuchung des Museums Neukölln geht hervor, dass es auch in der Großsiedlung Britz (Hufeisensiedlung) zwischen 1926 und 1948 keine homogene sozial oder weltanschaulich geprägte Bevölkerungsstruktur gab. Vielmehr war die Fluktuation der Mieter in der Siedlung durch ökonomische und politische Faktoren sehr intensiv. (Gößwald, 2013, S. 38)

[199]   Hotelähnliche bauliche Anlage mit gemeinsamen Ess- und Gesellschaftsräumen für Familien. (Wasmuths Lexikon der Baukunst, 1929 ff., S. 556 f.)

Nähe ohne Schäden. Am 26. April 1945 besetzte die Rote Armee Staaken, und der Flugplatz verlor seine Funktion. Doch Staaken sollte aus einem anderen Anlass in den Blickpunkt der Weltpolitik geraten.

Von den Alliierten getauscht, von der DDR annektiert und wieder nach Berlin eingemeindet: Wohl kaum ein Ort hat eine solch wechselseitige Geschichte erlebt, wie West-Staaken, der westlichste Teil Spandaus. Bereits im Londoner Abkommen vom 14. September 1944 und dessen Ergänzungen teilten die Alliierten das Deutsche Reich und die Hauptstadt Berlin in vier Besatzungszonen. Spandau und damit auch Staaken fiel den Briten zu, die den Bezirk im August 1945 besetzten. Da die Briten den Flugplatz Gatow ausbauen wollten, ein Teil der Landebahn aber auf Brandenburger Territorium lag, also der Sowjetischen Besatzungsmacht zustand, wurde mit Kontrollratsbeschluss vom 8. August 1945 ein Gebietstausch ausgehandelt. Die Briten erhielten den „Seeburger Zipfel" von Brandenburg, die Sowjets dafür West-Staaken mit dem Flugplatz. Diese Teilung war nur formell und hatte noch keine gravierenden Auswirkungen, da West-Staaken weiter von Spandau aus verwaltet wurde. Für die Bewohner änderte sich also zunächst nichts. Fünfeinhalb Jahre später wurde der Gebietsaustausch dann auch amtlich vollzogen. In der Nacht vom 1. zum 2. Februar 1951 besetzte die Volkspolizei West-Staaken. Daraufhin sahen sich 380 Familien aus West-Staaken genötigt kurzfristig und nur mit Handgepäck nach Berlin zu flüchten. (MAZ, 2006) (Spandauer Baugeschichte - Einst und jetzt, 1975 ff, S. 25) Die frei werdenden Wohnungen wurden vor allem an Beschäftigte des nahegelegenen VEB Plastewerke Staaken und des Kreiskrankenhauses Nauen[200] vergeben. Frau Ladinig, die neu hinzugezogen war, erinnert sich: Beim „Einzug 1951 sind wir im Garten und auf den Wiesen vor dem Vierfamilienhaus am Nennhauser Damm herumgesprungen, konnten nicht genug bekommen von dem vielen Grün, der Luft und der Weite. Nach den Jahren in einer Parterrewohnung im Hinterhof war das hier das Paradies". (Ahne, 1999) Der Mauerbau am 13. August 1961 brachte Staaken wieder ins Licht der Weltöffentlichkeit und machte West-Staaken zu einer Zonengrenzregion. Aufgrund der Grenznähe wurden die Wohnungen nur an politisch Zuverlässige abgegeben.[201] Der permanente Wohnungsmangel und die stabilen Arbeitsverhältnisse in der DDR führten dazu, dass die Bewohnerschaft nunmehr dauerhaft blieb. Viele Bewohner wohnten zur Wendezeit schon seit Jahrzehnten in der Siedlung. Entsprechend hoch war der

---

[200]   Zwischen 1958 und 1997 nutzte das Kreiskrankenhaus Nauen einige der ehemaligen Kasernengebäude auf dem Flugplatz Staaken. Seitdem stehen diese Gebäude leer. (Bienek, 1993, S. 60 f.)

[201]   Mitteilung von Frau Berg.

Altersschnitt. Später war Staaken vor allem als Grenzübergang für den Transitverkehr in Richtung Hamburg ein Begriff, verlor diese Bedeutung aber Ende 1987 mit der Öffnung des neuen Autobahnübergangs Heiligensee/Stolpe.

Dass West-Staaken 39 Jahre nach der Trennung mit der deutschen Vereinigung am 3. Oktober 1990 wieder nach Spandau zurückeingemeindet wurde, war ein Erfolg der unermüdlichen Bemühungen des damaligen Bezirksbürgermeisters Werner Salomon. Umgekehrt gab es beim „Seeburger Zipfel" keinen Rücktausch, so dass der Bezirk im wahrsten Sinne des Wortes „Zuwachs" bekam. (During R. , 2003) Drei Viertel der rund 4.000 West-Staakener mussten nach der Vereinigung Restitutionsansprüchen aus dem Westen weichen. Da die Eigentumsverhältnisse der Siedlung aber ungeklärt waren, konnten die Mieter weiter in den Häusern verbleiben.

Nach Klärung der Eigentumsverhältnisse wurde die Siedlung 2008 vom Liegenschafts-fond an die NCE verkauft. Zu diesem Zeitpunkt kam für die Bewohner weder ein Eigenerwerb noch ein Fortzug in Betracht. Der neue Eigentümer versuchte die Häuser durch fristlose Kündigungen zu „entmieten", was jedoch am Widerstand der Bewohner scheiterte. (Schindler, 2012) Durch den 2012 beabsichtigten Einzelverkauf der DHH haben Mieter der Siedlung vermehrt Besuche von Interessenten erhalten, die eines der Häuser erwerben wollten und dabei auch ankündigten, nach dem Erwerb Eigenbedarf geltend zu machen wollten. (Schindler, 2012) Dies beschleunigte den Wegzug der alteingesessenen Bewohner deren Zukunft in den tristen Gebäuden ungewiss war und es kam zum Leerstand einzelner Gebäude, der bis heute andauert.

Nun zieht eine neue Generation dort ein mit neuen Ansprüchen, aber ohne den aus der Besonderheit der Lage und Situation der Siedlung gewachsenen Zusammenhalt.

11 Schlussbetrachtung

Wurden die Lücken, die es zu füllen galt, um die Siedlung und ihre Geschichte zu verstehen gefüllt? Insgesamt betrachtet kann man mit Recht behaupten, dass viele der offenen Fragen geklärt werden konnten – wenn auch nicht immer restlos.

Ein Grund für die Notwendigkeit von aufwändigen Recherchen liegt darin begründet, dass die Quellenlage ausgesprochen schlecht ist und erst schrittweise neue Quellen erschlossen und ausgewertet werden mussten, wodurch das bekannte Bild, das man vom Architekten und der Siedlung hatte, an vielen Stellen revidiert bzw. konkretisiert werden musste.

Die Tätigkeit Gutkinds bis 1925 war bisher nur rudimentär bekannt und dürfte für den Zeitraum als er Staatsbediensteter war (Juni 1917 bis Juni 1921) geklärt sein, auch, mit welchen Aufgaben er betraut wurde, und mit welchen Personen er sich umgab, sowohl innerhalb der Verwaltungen als auch in Künstlerkreisen. Die schon frühzeitigen Kontakte zur DGG erklären die Auftragsvergabe durch diese an ihn. Seine Kontakte zu Künstlern und Sozialreformern hatten Auswirkungen auf die künstlerische Gestaltung der Siedlung.

Die wegweisenden Gestaltungselemente lassen sich heute noch an den Bauten ablesen. Die vielschichtige Farbigkeit der Bauten ist dagegen längst verschwunden und war zuvor in dem Ausmaß noch nicht bekannt. Bestechend ist auch die Zusammen-arbeit mit dem Gartenarchitekten Leberecht Migge. Gemeinsam schufen sie eine Symbiose aus Bauten und Freiraumgestaltung ganz im Lichte der Moderne. Neben den künstlerischen Ausprägungen waren beiden auch die sozialen Belange der Bewohner wichtig, was durch die Selbstversorgergärten und den Wohngarten ebenso zum Ausdruck kommt, wie durch das großzügige Raumangebot.

Die Bauzeit der Siedlung konnte noch immer nicht genau bestimmt werden. Dass die Siedlung ursprünglich größer ausfallen sollte als sie es tatsächlich am Ende war, ist neu.

Die Bauten wurden in einer wirtschaftlich schwierigen Zeit gebaut, was gravierende Baumängel zur Folge hatte bzw. haben musste, deren Umfang bisher nicht bekannt war. Dies führte aber schon frühzeitig dazu, dass die Bauten ihre beeindruckende Farbigkeit verloren und damit ein wesentliches künstlerisches Element.

Von Erwin Gutkind wurde die Nutzung der Siedlung durch die DVS nur angedeutet. Das gesamte Ausmaß und die Dauer der Kooperation konnte geklärt werden. So blieben die Flieger nur etwa 3 Jahre in der Siedlung und nutzten auch nur bis zu drei Gebäude.

Die wechselvolle Geschichte der Siedlung führte auf der einen Seite dazu, dass viel Originalsubstanz erhalten blieb, andererseits ab 1990 zum unaufhaltsamen Verfall all dessen, was bis dahin überlebt hatte. Die dauernde Wohnungsnot in der DDR trug dazu bei, dass die Bauten stets bewohnt waren. Der Baustoffmangel dagegen verbot grundlegende Renovierungsarbeiten. Dadurch blieb viel Originalsubstanz erhalten. Dennoch blieben die sanitären Verhältnisse zum Teil weit hinter dem Standard selbst der 1920er Jahre zurück. Die ungeklärten Eigentumsverhältnisse der Nachwendezeit läuteten den unaufhaltsamen Verfall der Gebäude ein, der bis heute nicht gestoppt werden konnte. Ob die Unterschutzstellung 1995 half, die Siedlung für kommende Generationen zu erhalten, oder durch ihre Auflagen zum weiteren Verfall der Siedlung beitrug, kann erst in Zukunft – und dann rückblickend – beurteilt werden.

Die Beziehung des Fertigteilhauses zum Rest der Siedlung und seine Sonderstellung konnten durch die Erforschung der Geschichte dieses Hauses geklärt werden. Es handelt sich demnach um einen separaten Bau, der musterhaft die Prinzipien, nach denen die DHH gebaut wurden, weiterentwickelte und zum Zeitpunkt des Entwurfs seiner Zeit weit voraus war. Durch den Verkauf dieses Hauses 1961 wurde es auch eigentumsrechtlich aus dem Verbund der Siedlung gerissen, was dazu führte, dass es besser gepflegt, aber auch stärker verändert wurde, als alle anderen Bauten. Die Siedlung als Start- und Endpunkt von Gutkinds Werk gibt ihr eine neue Dimension und erhöht ihren Wert als Denkmal.

Gutkind selbst schreibt „wir wissen aus der gestellten Bauaufgabe, wie viele Menschen und was für Menschen in der betreffenden [...] Siedlung wohnen sollen, wir kennen infolgedessen also die Anzahl und die Art der Häuser [...] und zwar sehr genau bis ins einzelne gehend. Diese uns bekannte Anzahl der Häuser muß auf dem ebenfalls bekannten Gelände richtig und schön verteilt werden. Gleichgeartete werden in Reihen verbunden [...] Nun haben wir durch die Hausgruppierung eine feste Vorstellung [...] wie sich auf dem flächigen Gelände einzelne geschlossene Raumformen aufzubauen beginnen." (Gutkind E. A., 1919, S. 252) Gemessen an seinen eigenen Maßstäben, musste er in der Realisierung sein Ziel verfehlen, da ihm weder die geplante Einwohnerzahl noch die Nutzung der Siedlung bekannt waren..

Ursprünglich waren die DHH für jeweils eine Familie ausgelegt. Tatsächlich haben aber von Anfang an mindestens zwei, in einzelnen Fällen bis zu vier Familien in einer DHH gewohnt. Geplant war die Siedlung als Selbstversorgersiedlung. Doch die Nutzung begann mit der Vermietung an die DVS, deren Angehörige nicht der Klientel der Bedürftigen entsprachen, die sich ein Zubrot in der eigenen Landwirtschaft erwerben mussten. Entsprechend der Nutzung als Selbstversorgersiedlung hatten die DHH im Anbau eine Kammer für Gartengeräte und einen Kleintierstall. Beides wurde aufgrund der großen Überbelegung der Wohnungen schon in den 1920er Jahren als Küche oder Wohnraum umgenutzt. Die gleichmäßige Verteilung der Häuser war aufgrund des Geländezuschnitts von Beginn an nicht möglich. Die Siedlung wird durch eine breite Straße zerteilt und der Grundriss des südlichen Siedlungsteils gleicht einem fast gleich-schenkligen Dreieck. Trotz des ungünstigen Geländezuschnitts ist es dem Architekten gelungen die Häuser so zu gruppieren, dass sich daraus eine übergeordnete Raumform ergibt, die erst durch die Verbindung der Bauten durch die Schutzhecke ihre Vollendung erfährt.

Auch wenn Gutkind Mitte der 1920er Jahre zur Avantgarde des Neuen Bauens gehörte, so hatte er doch bereits wenige Jahre später 1927 mit dem Sonnenhof in Lichtenberg seinen Zenit als Architekt erreicht. Im Gegensatz zu den großen Architekten der Moderne, die in den USA ihre Arbeit fortsetzten (Walter Gropius, Erich Mendelsohn, Bruno Taut, Mies van der Rohe, Le Corbusier) begann Gutkind seine Karriere als Stadtplaner in Großbritannien in den 1930er und 40er Jahren. Vielleicht kann das sogar als Fortsetzung seiner erfolglosen Bewerbung um die Stelle als Städtebaudirektor 1921 gesehen werden. Als er 1956 in die USA auswanderte, beschäftigte er sich erfolgreich mit der Architekturgeschichte. Doch sein Ruhm und seine Bekanntheit als einer der prägenden Gestalter des Berliner Stadtbildes der 1920er Jahre war, als er 1968 verstarb, längst vergessen.

Die Siedlung ist heute in einem stark vernachlässigten Zustand. Eine Wiederherstellung in den ursprünglichen Zustand ist nur in Teilen erfolgversprechend. Zentrales Problem-feld sind die ziegelsichtigen Fassadenbereiche, die, aufgrund des minderwertigen Originalmaterials, nicht wieder in den Ausgangszustand zurückversetzt werden können. Dafür müssen alternative Gestaltungskonzepte gesucht werden, die optisch das ursprüngliche Erscheinungsbild wiederherstellen. Andere prägende Elemente wie die Farbfassungen, die Fenster und die Regenrinnen lassen sich, da noch Originale an einzelnen Häusern vorhanden sind, ggf. durch Nachbauten ergänzen. Auch die

Vorgartengestaltung, die als Teil des ursprünglichen Gesamtkonzeptes der Siedlung gesehen werden muss, sollte umgesetzt werden. Der derzeitige Verkauf der DHH an Einzeleigentümer hat eine unkoordinierte Restaurierung der DHH zur Folge, die sich nur durch ein verbindliches Gestaltungskonzept denkmalverträglich regulieren. Doch noch steht ein solches Konzept aus.

12 Abkürzungsverzeichnis

AdK	Akademie der Künste (Bauarchiv)
DDP	Deutsche Demokratische Partei
DDR	Deutsche Demokratische Republik
DEWOG	Gesellschaft zur Förderung des Wohnungsbaus
DGG	Deutsche Gartenstadtgesellschaft
DHH	Doppelhaushälfte(n)
DVS	Deutsche Verkehrsfliegerschule
Einfa	Berliner Gesellschaft zur Förderung des Einfamilienhauses
GAGFAH	Gemeinnützige Aktien-Gesellschaft für Angestellten-Heimstätten
GEHAG	Gemeinnützige Heimstätten-, Spar- und Bau-Aktiengesellschaft
GehSt A PK	Geheimes Staatsarchiv Preußischer Kulturbesitz
GSW	Gemeinnützige Siedlungs- und Wohnungsbaugesellschaft
NCE	Northern Cross Estate G.m.b.H.
RMinArb	Reichsministerium für Arbeit
USPD	Unabhängige Sozialdemokratische Partei Deutschlands

13 Quellen

13.1 Literaturverzeichnis

--- (29. August 2012). Zukunft der denkmalgeschützten Siedlung Spandauer Volksblatt.

--- (1975 ff). Spandauer Baugeschichte - Einst und jetzt. Spandau.

--- (30. September 2004). Mieterversammlung in Neu-Jerusale.m Berliner Zeitung.

--- (1929 ff.). Wasmuths Lexikon der Baukunst (Bde. 1-5).. Berlin.

Adler, L. (1930). Flachbau. In Wasmuths Lexikon der Baukunst (Bd. 2 , S. 481-482). Berlin.

Ahne, P. (15. Juli 1999). Das Paradies hat undichte Fenster und kein Bad, Flora Wezel wohnt seit 48 Jahren in "Neu-Jerusalem". Berliner Zeitung.

Akademie der Künste Berlin (Hrsg.). (1986). Martin Wagner 1885-1957, Wohnungsbau und Weltstadtplanung. Die Rationalisierung des Glücks (Bde. Akademie Ausstellung 146, Ausstellung der Akademie der Künste, 10. November 1985 bis 5. Januar 1986). Berlin.

Baumann, M. (2002). Freiraumgestaltung in den Siedlungen der zwanziger Jahre am Beispiel der Planungen des Gartenarchitekten Leberecht Migge. Halle.

Berliner Adressbuch. (1919 ff). Berlin.

Bernhardt, C. (1998). Bauplatz Groß-Berlin. Wohnungsmärkte, Terraingewerbe und Kommunalpolitik im Städtewachstum der Hochindustrialisierung (1871-1918). Berlin, New York.

Bernhardt, C., & Vonau, E. (2009). Zwischen Fordismus und Sozialreform: Rationalisierungsstrategien im deutschen und französischen Wohnungsbau 1900–1933. Zeithistorische Forschungen/Studies in Contemporary History, Online-Ausgabe 6, Heft 2.

Bienek, K. H. (1993). Spandauer Krankenhäuser, das Spandauer Gesundheitswesen in Vergangenheit und Gegenwart. Berlin.

Bucciarelli, P. (1998). Erwin Anton Gutkind 1886-1968 - un outsider nell´architectura berlinese degli anni venti. Berlin.

Burkert, G. (Mai 2004). Erinnerungen an "Neu Jerusalem" in Glogau. Neuer Glogauer Anzeiger.

Czymay, C. (2001). Der Flugplatz Staaken - ein konservatorischer Grenzfall. In Denkmalschutz und Denkmalpfelge (1. Auflage Ausg., S. 83-85). Berlin.

Deutsche Lufthansa Aktiengesellschaft (Hrsg.). (1985). Lufthansa. Start und Ziel: Berlin. Köln.

During, R. (17. Dezember 2003). Tauschobjekt der Alliierten, der Ortsteil Weststaaken kehrte nach dem Mauerfall in den Spandauer Schoß zurück – nachdem er Jahrzehnte zuvor an die sowjetische Besatzungszone abgetreten wurde. Tagesspiegel.

During, R. E. (1985). Flugplatz Staaken, ein Stück Luftfahrt-Geschichte. Berlin.

Durth, W., & Sigel, P. (2010). Baukultur - Spiegel gesellschaftlichen Wandels. Berlin.

Effenberger, T. (1919). Gartenstädtische Bauten. In E. Gutkind, Neues Bauen, Grundlagen zur praktischen Siedlungstätigkeit (S. 215-227). Berlin.

Ellinger, A. (1920). Sozialisierung des Bau- und Wohnungswesens. Hamburg.

Flick, C. (2005). Werner Hegemann (1881-1936): Stadtplanung, Architektur, Politik - ein Arbeitsleben in Europa und den USA (Bd. 1). München.

Franke, H. (Hrsg.). (1938). Handbuch der Neuzeitlichen Wehrwissenschaften: Die Luftwaffe (Bd. 3).

Fuchs, C. (30. September 2004). Stiftung stellt Projekte vor. Auch die Siedlung Neu Jerusalem soll saniert werden. Berliner Zeitung.

Gormacher, W. (22. Februar 2006). Gewachsene Häuser Gutkinds, Neu Jerusalem und Schmitthenners Gartenstadt Staaken. Märkische Allgemeine Zeitung.

Gößwald, D. (2013). Das Ende einer Idylle? Hufeisen- und Krugpfuhlsiedlung vor und nach 1945. MuseumsJournal, S. 38-39.

Grabow, S. (May 1975). The Outsider in Retrospect: E. A. Gutkind. AIP Journal, S. 200-212.

Graubner, I., & Töpfer, I. (2004). Wohnsiedlungen der 1. Hälfte des 20. Jahrhunderts, Beispiele nachhaltiger Entwicklungen in der Lausitz. (M. f. Raumordnung, Hrsg.) Potsdam.

Grothe, J. (1973). 700 Jahre Staaken 1273-1973, Festschrift, herausgegeben aus Anlaß des urkundlichen, 700 jährigen Bestehens des Ortsteiles Staaken von Berlin Spandau. Berlin.

Grothe, J. (1982). Spandau, Stadt an Spree und Havel. Aus der Chronik eines Berliner Bezirks (2 Ausg.). Berlin.

Grünberg, A. (2006). Erich Mendelsohn, Architekturkonzepte in den internationalen Tendenzen der klassischen Moderne. München, Berlin.

Grunsky, E. (1987). Neues Bauen der zwanziger Jahre als Problem der Denkmalpflege. In N. Huse (Hrsg.), Vier Siedlungen der Weimarer Republik, Britz, Onkel Toms Hütte, Siemensstadt, Weiße Stadt (S. 81-90). Berlin.

Gut, A. (31. März 1920). Neues Bauen, Grundlagen zur praktischen Siedlungstätigkeit. S. 152.

Gutkind, E. A. (ca. 1914). Gartenstädte. Berlin.

Gutkind, E. A. (1915). Raum und Materie, ein Baugeschichtlicher Darstellungsversuch der Raumentwicklung. Berlin.

Gutkind, E. A. (1919). Neues Bauen, Grundlagen zur praktischen Siedlungstätigkeit. Berlin.

Gutkind, E. A. (11. August 1919a). Taylor-Arbeit in Deutschland, Forschungsgesellschaft für wirtschaftlichen Baubetrieb. Vossische Zeitung.

Gutkind, E. (1919 b). Form und Farbe. In E. A. Gutkind, & E. Gutkind (Hrsg.), Neues Bauen, Grundlagen zur praktischen Siedlungstätigkeit (S. 250-258). Berlin.

Gutkind, E. A. (1922). Vom städtebaulichen Problem der Einheitsgemeinde Berlin. Berlin.

Gutkind, E. A. (1925). Neuzeitliche Wohnbauten. (16), S. 1-5.

Gutkind, E. A. (1926). Kleinwohnungen im Hoch- und Flachbau. (17), S. 5-8.

Gutkind, E. A. (10. Februar 1929). Wohnhausblock Berlin-Lichtenberg. Der Neubau, S. 45-48.

Gutkind, E. A. (1932). Bilanz. Die Baugilde, 14. Jahrgang, Heft 2, S. 61-63.

Gutkind, E. A. (1946). Revolution of Enviroment. London.

Güttler, P. (Hrsg.). (2002). Reihenhäuser (Berlin und seine Bauten Ausg., Bd. D Teil 4). Petersberg.

Haberlandts Bauten-Nachweis (Bd. Nr. 426 (1. April 1925) bis Nr. 431 (1. September 1925)). (1925). Berlin.

Hajos, E., & Zahn, L. (1928). Berliner Architektur der Nachkriegszeit. Berlin.

Haney, D. H. (2010). When Modern was Green, Life and Work of Landscape Architect Leberecht Migge. London.

Hartmann, K. (1976). Deutsche Gartenstadtbewegung, Kulturpolitik und Gesellschaftsreform. München.

Heiligenthal. (September 1926). Die Zonung Berlins. Der Neubau, 97-108.

Heimatkundliche Vereinigung Spandau. (Hrsg.). (2002). Staaken, ein Ortsteil im Wandel der Zeiten, 1273 - 2000 (zweite, überarbeitete und ergänzte Auflage Ausg.). Berlin.

Heinze-Mühleib, I. (1986). Erich Mendelsohn. Bauten und Projekte in Palästina (1934-1941) (Beiträge zur Kunstwissenschaft Ausg., Bd. 7). München.

Her. (5. März 2004). Geschützte Siedlung Neu-Jerusalem verfällt. Berliner Morgenpost.

Hierl, R. (1989). Erwin Anton Gutkind -"Neues Bauen" im Berlin der Weimarer Republik. Inaugural-Dissertation. Berlin, München.

Hierl, R. (1992). Architektur als Raumkunst. Basel, Berlin, Boston.

Hierl, R. (1. Augut 1995). Prägnant und eigenwillig: Erwin Gutkind - Architekt. Deutsches Architekten Blatt, S. 1432-1434.

Hilberseimer, L. (1992). Berliner Architektur der 20er Jahre (2. Auflage Ausg.). Berlin.

Hübener, D. (2012). Denkmaltopografie Bundesrepublik Deutschland, Landkreis Spree-Neiße, Städte Forst (Lausitz) und Guben, Amt Peitz und Gemeinde Schenkendöbern (Bd. 16). Worms.

Hubenthal, H. (2004). Bibliographie über Leberecht Migge. Findbuch zum Leberecht-Migge-Archiv. Kassel.

Huse, N. (1975). Neues Bauen 1918 bis 1933. München.

Huse, N. (1987). Vier Berliner Siedlungen der Weimarer Republik: Britz, Onkel Toms Hütte, Siemensstadt, Weiße Stadt. Berlin.

Hüter, K.-H. (1995). Der Siedlungsbau im Land Brandenburg vom Ende des 19. bis Mitte des 20. Jahrhunderts. (I. f. Wohnen, Hrsg.) Potsdam.

Ip. (20. November 1996). Mieterversammlung in Neu-Jerusalem. Berliner Zeitung.

Jaffé, H. (1965). De Stijl 1917-1931, der niederländische Beitrag zur modernen Kunst. Berlin.

Jäger, F. (Oktober 2000). Zuchthaus als Kapitalanlage, Gutkindensemble in Berlin-Pankow wieder hergestellt. Baumeister, S. 12.

Jahn, G. (1971). Die Bauwerke und Kunstdenkmäler von Berlin, Stadt und Bezirk Spandau. Berlin.

Jürgens, I. (8. Oktober 2011). Trotz Finanzkrise: Investoren zahlen Rekordpreise für Berliner Immobilien. Berliner Morgenpost.

Kampffmeyer, H. (1913). Die Gartenstadtbewegung (2 Ausg.). Leipzig.

Kassel, F. S.-u. (Hrsg.). (1981). Leberecht Migge 1881 - 1935, Gartenkultur des 20. Jahrhunderts. Kassel.

Katamon G.m.b.H. (Hrsg.). (2000). Gesamtanlage Flachbausiedlung "Neu Jerusalem" (Bde. 1 - 3). Berlin.

Kiem, K. (1997). Die Bauwerke und Kunstdenkmäler von Berlin, Die Gartenstadt Staaken (1914 - 1917) (Bd. 26). Berlin.

Kirsch, K. (2002). Die Weißenhofsiedlung - Traditionalismus contra Moderne in Stuttgart. Vortrag vom 19-21. Juli 2002 in Stuttgart, Stuttgart.

Klaus, H. (2006). Der Dualismus Preußen versus Reich in der Weimarer Republik in Politik und Verwaltung (Bde. Studien zur Kultur- und Rechtsgeschichte). Mönchengladbach.

Klünner, H.-W. (1978). Spandau und Siemensstadt wie sie waren. Düsseldorf.

Korrell, P. (2010). Die Deutsche Verkehrsfliegerschule (DVS) am Flughafen Braunschweig-Broitzem. In Braunscheigische Luftfahrtgeschichte (Bd. 3, S. 100-103). Braunschweig.

Köster, H. W. (1999). Zur Bildbearbeitung im Verlag 1925-1930. In H.-C. Köster (Hrsg.), Walter Müller-Wulckow: Architektur 1900–1930 in Deutschland, Reprint 1999 der vier Blauen Bücher (S. 59-114). Königstein im Taunus.

Kromrei, C. (2012). Albert Gessner. Das städtische Mietshaus (Die Bauwerke und Kunstdenkmäler von Berlin Ausg., Bd. 36). Berlin.

Krüger, P. (1973). Deutschland und die Reparationen 1918/19, Schriftenreihe der Vierteljahreshefte für Zeitgeschichte. Stuttgart.

Land, D. (2005). Erwin Barth (1880-1933), Leben und Werk eines Gartenarchitekten im zeitgenössischen Kontext. Dissertation, Berlin.

Lennart, P. (22. November 1996). Neu-Jerusalem verfällt langsam, Mieter der Siedlung in West-Staaken lassen ihrem Unmut freien Lauf. Berliner Zeitung.

Liegenschaftsfonds Berlin (Hrsg.). (September 2007). Exposé Siedlung Neu-Jerusalem, New Jerusalem Berlin. Berlin.

Ließ, B. (Dezember 2008). Jerusalem Siedlung in Spandau, Mietereinbauten sollen weg. MieterMagazin.

MAZ. (17. 10 2006). Die gebaute Avantgarde bröckelt. Märkische Allgemeine Zeitung.

Migge, L. (1913). Die Gartenkultur des 20. Jahrhunderts. Jena.

Migge, L. (1919). Jedermann Selbstversorger. Jena.

Migge, L. (1919a). Neues Gartenbauen. In E. Gutkind (Hrsg.), Neues Bauen (S. 104-119). Berlin.

Migge, L. (1924 ff.). Siedlungswirtschaft. Mitteilungen der Siedlerschule Worpswede. Worpswede.

Migge, L. (1924). Unsere Groß-Berliner Aufgaben. Siedlungswirtschaft, Blätter für intensiven Kleingartenbau und Siedlung, Heft 12, S. 427.

Migge, L. (1925). Die Selbstversorger Stadtlandsiedlung. (L. Migge, Hrsg.) Siedlungswirtschaft. Mitteilungen der Siedlerschule Worpswede, Heft 2, 3. Jahrgang, 77-78.

Migge, L. (März 1925 b). Städtische Grüngürtel. Siedlungswirtschaft, Mitteilungen der Siedler-Schjule Worpswede, S. 121-124.

Migge, L. (1926). Deustche Binnenkolonialisation, Sachgrundlagen des Siedlungswesens. (D. G.-G. Berlin-Grünau, Hrsg.) Berlin-Frohnau: Deutscher Kommunal-Verlag G.m.b.H.

Migge, L. (1927). Versuch für rationalisierten Gartenbau. 5. Jahrgang, Band 2, S. 10-14.

Mühl, A. (2012). Staaken. In Notizen zur Spandauer Geschichte - Neue Folge der Spandauer Notizen (Bd. 1, S. 23-41). Berlin.

Müller-Wulckow, W. (1928). Wohnbauten und Siedlungen aus deutscher Gegenwart (Bde. Deutsche Baukunst der Gegenwart, Die Blauen Bücher Band 2). Königstein im Taunus, Leipzig.

Ochs, H. (1991). Die Zeitschrift als Manifest, Aufsätze zu architektonischen Strömungen im 20. Jahrhundert. (A. Ciré, & H. Ochs, Hrsg.) Basel, Berlin, Boston.

Ochs, H. (1999). Denkmaldatenbank, Eintrag 09080596, Flachbausiedlung "Neu-Jerusalem". Berlin.

oew. (11. Oktober 2008). Berlin Filetstücke. Tagesspiegel Berlin.

Osborn, M. (3. Juli 1931). Baukünstler und Bauten. Von Hitzig bis Mendelsohn. Central Verein Zeitung (Zentralblatt des Vereins deutscher Staatsbürger jüdischen Glaubens), 10. Jahrgang, Nr. 27.

pec. (5. November 2006). Liebhaber gesucht - Erheblicher Investitionsbedarf. Berliner Morgenpost.

Platz, G. A. (1927). Die Baukunst der neuesten Zeit. Berlin.

Posener, J. (8.. April 1968). Laudatio in Erwinum. Bauwelt, 50. Jahrgang, Nr. 15, 406-407.

Posener, J. (1992). Vorwort. In R. Hierl, Erwin Gutkind 1886-1968, Architektur als Stadtraumkunst (S. 5-7). Berlin, Basel, Boston.

Renger, R. (1990). Die Organisation des Versicherungswesens in der sowjetischen Besatzungszone Deutschlands und in der Deutschen Demokratischen Republik von 1945 bis 1989. Karlsruhe.

Roeder, H. (1995). Nationalsozialistischer Wohn- und Siedlungsbau. (S. Magdeburg, Hrsg.) Magdeburg.

Schäche, W. (Hrsg.). (1999). 75 Jahre GEHAG1924 - 1999. Berlin.

Schallenberger, J., & Gutkind, E. (Hrsg.). (1931). Berliner Wohnbauten der letzten Jahre. Berlin.

Schallenberger, J., & Kraffert, H. (1926). Berliner Wohnungsbauten aus öffentlichen Mitteln, die Verwendung der Hauszins-Hypotheken. Berlin.

Scheffler, K. (1931). Berlin, Wandlungen einer Stadt. Berlin.

Schindler, C. (29. August 2012). Sorgen um Zuhause. Für die Siedlung Neu Jerusalem gibt es Kaufinteressenten. Spandauer Volksblatt.

Schnaibel, M. (17. Oktober 2006). Die gebaute Avantgarde bröckelt, Erwin Gutkind und seine Flachbausiedlung Neu-Jerusalem. Märkische Allgemeine Zeitung.

Scolari, M. (Luglio-Agosto 1982). Erwin Anton Gutkind Architetto. Revista internazionale di architettura - International architectural review, S. 38-45.

Soskin, D. E. (1920). Kleinsiedlung und Bewässerung, die neue Siedlungsform für Palästina (Bd. Nationalfondsbibliothek Nr. 4). Berlin.

Sozialisierungs-Kommission. (1921). Verhandlungen der Sozialisierungs-Kommission über die Neuregelung des Wohnungswesens. Berlin.

Teufel, A. (2008). Restauratorische Befunderhebung zu historischen Gestaltungen der Fassaden und der Treppenhäuser, 21 Doppelhäuser der Siedlung Neu Jerusalem. Untersuchungsbericht, Potsdam.

Urban-consult. (1997). Transformationsprozess in West-Staaken. Beratungsbericht, Urban-consult, gemeinnützige Gesellschaft für kommunale Beratung m.b.H., Berlin, Berlin.

Vincentz, C. R. (Hrsg.). (1935). Bausünden und Baugeldvergeudung. Zürich Hannover.

Vonderach, A. (2009). Von Ellwürden nach Hampstead. Die Briefe der Oldenburger Emigrantin Anneliese Bulling. Nordenham.

Wagner, W. (1987). Der deutsche Luftverkehr - die Pionierjahre 1919-1925 (Bd. Deutsche Luftfahrt Band 11).

Wahrhaftig, M. (2005). Deutsche jüdische Architekten vor und nach 1933 - das Lexikon. Berlin.

Wattjes, J. G. (1927). Moderne Architectuur in Norwegen, Zweden, Finland, Denemarken, Duitschland, Tsjechoslowakije, Oostenrijk, Zwitserland, Frankrijk, België, Engeland en ver. Staten v. Amerika. Amsterdam.

Wesp, R. (1999). Der Autor und sein Produzent - Die Geschichte der vier Blauen Bücher. In G. Kuhn (Hrsg.), KonTEXTe. Walter Müller-Wulckow und die deutsche Architektur von 1900–1930 (S. 13-46). Königsstein im Taunus.

Zehder, H. (18.. September 1919). Aufruf zum farbigen Bauen! Die Bauwelt, 11.

Zimmermann, F. (1928). Das ländliche und städtische Siedlungswesen in Deutschland während des Krieges. Zirndorf.

13.2 Archiv- und Sammlungsbestände

Archiv des Stadtgeschichtlichen Museums Spandau: Nennhauser Damm (ex Königsstr.), Nummerierungsplan, 9. März 1932, Nr. 175-159 ungerade.

Baupolizei Spandau Nr. 70: Nummerierungsplan Nennhauser Damm vom 9. März 1932

Architekturmuseum der Technischen Universität Berlin:

Inv. Nr. AMTUB_53726

Landesarchiv Berlin: F Rep. 290 (Fotosammlung)

Brandenburgisches Landeshauptarchiv BLHA Rep 401 Nr. 15649

Bauarchiv der Akademie der Künste Berlin:

EGA [Erwin Gutkind Anton] 1 bis 12

HHA [Hugo Häring] 208

Pos [Julius Posener] 208, 298, 356, 356, 1289, 2088

RAD [Adolf Rading] 105, 106

RIN [Luckhardt u. a.] 1

Sch [Hans Scharoun] 399

AdK-W 451-117, 471, 474

Geheimes Staatsarchiv   I. HA Rep. 191 Nrn. 1a, 34, 35, 139, 204 [Akten des Ministeriums für Volkswohlfahrt]

Bundesarchiv   BArch R 3901 100308 [Personalakte Gutkind]

BArch R 904 532 [Reichsarbeitsministerium]

BArch R 904 533 [Geschäftsstelle für Friedensverhandlungen]

Stephen Garbow   Akte Biographie Erwin Gutkind

Sammlung Veronika Berg

Sammlung Lutz Oberländer

13.3 Bildquellen

Sammlung des Autors:	Abb. 1, 3, 8 – 16, 37 – 49
Sammlung Veronika Berg:	Abb. 4, 8, 31
(Gutkind E. A., 1926, S. 8 o., m., u.):	Abb. 2, 17, 23
(Berliner Adressbuch, 1919 ff.)	Abb. 5, 6
(Migge L. , 1924, S. 427)	Abb. 7
(Gutkind E. A., 1925, S. 5, Abb. 13, 11, 12)	Abb. 19, 20
(Migge L. , 1926, S. Abb. 29, 31, 30)	Abb. 22, 24, 25
(Teufel, 2008, S. 12 - 21)	Abb. 28 – 35
(Katamon G.m.b.H., 2000, S. 19)	Abb. 36
Prospekt der Einfa	Abb. 50

13.4 Sonstige Quellen

13.4.1 Mündliche und schriftliche Mitteilungen

Frau Veronika Berg (Bewohnerin des Fertigteilhauses)

Dr. Martin Baumann (Landesamt für Denkmalpflege und Archäologie, Erfurt)

Professor Piergiacomo Bucciarelli (Università "Gabriele D'Annunzio, Chieti/Italien)

Christina Czymay (Landesdenkmalamt Berlin)

Professor Stephen Grabow (University of Kansas/USA)

Jürgen Kaulfuß (Bauarchiv der Akademie der Künste)

Dr. Dieter Nellessen (Untere Denkmalschutzbehörde Berlin-Spandau)

Dr. Haila Ochs (Landesdenkmalamt Berlin),

13.4.2 Internet

3POBopst Melan Architektenpartnerschaft: Siedlung Neu Jerusalem:
  http://www.3po.de/architekten-potsdam_projekte_1_14_31.htm

Deutscher Werkbund Nordrhein-Westfalen. 1927: der „Dächer-
  Krieg":http://www.deutscherwerkbund-nw.de/index.php?id=340

Lutz Ehmke, Immobilien e. K., Projektentwicklung: http://www.immobilien-
  ehmke.de/projekt.html

Wikipedia Deutschland: Siedlung Neu Jerusalem:
  http://de.wikipedia.org/wiki/Siedlung_Neu-Jerusalem

14 Zeittafel

1902	Gründung der DGG
5. Oktober 1905	Gutkind schreibt sich an der Technischen Hochschule in Charlottenburg bei Berlin ein. Er belegt die Fächer Architektur, Stadtplanung, Soziologie und Kunstgeschichte
17. Dezember 1909	Gutkind schließt das Studium mit einer Diplomprüfung erfolgreich ab
1910	Migge veröffentlicht erste Gartenplanungen
30. Januar 1913	Gutkind legt seine Dissertation „Raum und Materie" vor
1913	„Die Gartenkultur des 20. Jahrhunderts" von Migge erscheint
12. März 1914	Gutkind promoviert
28 Juli 1914	Beginn des Ersten Weltkriegs
ca. 1914	Gutkind verfasst das unveröffentlichte Memorandum „Gartenstädte"
1915	Gutkind veröffentlicht seine Dissertation unter dem Titel „Raum und Materie, ein Baugeschichtlicher Darstellungsversuch der Raumentwicklung"
1916/17	Hungersnot im Deutschen Reich: „Steck- oder Kohlrübenwinter"
Juli 1915	Die Luftschiffbau Zeppelin GmbH erwirbt in Staaken ein Gelände, um Luftschiffe zu bauen
9. November 1916	Das erste Luftschiff verlässt den Flugplatz Staaken
1917	Gründung der Kunstbewegung De Stijl in den Niederlanden
1. Juli 1917	Gutkind ist Angestellter im Kriegsministerium
Herbst 1917	Gutkind richtet gemeinsam mit dem Architekten Albert Gessener kunstgewerbliche Werkstätten in mehreren Lazaretten in Berlin ein
11. November 1918	Ende des Ersten Weltkriegs
1. Januar 1919	Gutkind wird ins Reichsministerium für die wirtschaftliche Demobilisierung (Referat III f) übernommen
1. April 1919	Gutkind wird als Dezernent für Siedlungswesen und Stadtplanung in das neu gegründete preußische Ministerium für Volkswohlfahrt übernommen
22. April 1919	Gutkind wird in das Reichskommissariat für das Wohnungswesen beim Reichsarbeitsministerium abgeschoben. Er ist dort für baugewerbliche Fragen und Baustoffe zuständig
April 1919	Gutkind ist Mitglied der „Sozialisierungskommission über die Neuregelung des Wohnungswesens"

April 1919	Gutkind ist Vertreter des Demobilisierungsministeriums als Planungsberater für den Wiederaufbau in der Waffenstillstandskommission
2. Mai 1919	Gutkind nimmt auch nach der Übernahme ins Reicharbeitsministerium als Vertreter des Demobilisierungsministeriums an Sitzungen im Reicharbeitsministerium als Planungsberater teil
Juni 1919	Gutkind gibt sein zweites Buch heraus: „Neues Bauen – Grundlagen zur praktischen Siedlungstätigkeit"
18. September 1919	Gutkind nimmt am „Aufruf zum farbigen Bauen!" teil, der in der Bauwelt veröffentlicht wird
1919	Gutkind ist Vertreter des Wohlfahrtsministeriums im „Verwaltungs-rat der Forschungsstelle für den wirtschaftlichen Baubetrieb"
1919	Gutkind mietet ein Architekturbüro am Hundekehlestraße 29 in Berlin Dahlem
1919	„Jedermann Selbstversorger" von Migge erscheint
10. Januar 1920	Der Versailler Vertrag verbietet dem Deutschen Reich die militärische Luftfahrt
1. Oktober 1920	Bildung von Groß-Berlin durch das Groß-Berlin-Gesetz, Staaken wird Teil Berlins
7. März 1921	Gutkind ist ständiges Mitglied der „Sozialisierungskommission über die Neuregelung des Wohnungswesens" (bis zum 25. Mai 1921)
Juli 1921	Gutkind bewirbt sich bei der Deputation für das Siedlungs- und Wohnungswesen um die Stelle eines Direktors für Städtebau, Siedlungs- und Wohnungswesen
1922	Gutkind gibt sein drittes Buch heraus: „Vom städtebaulichen Problem der Einheitsgemeinde Berlin"
1922	Erich Mendelsohn baut die Doppelvilla am Karolinger Platz in Berlin-Westend
1923	Harry Rosenthal baut die „Villa Dr. R." in Berlin-Wilmersdorf
1923	Erich Mendelsohn baut die „Villa Sternefeld" an der Heerstraße in Berlin-Grunewald
15. November 1923	Einführung der Rentenmark, Ende der Inflation
1923/24	Bauzeitraum für die Siedlung „Neu-Jerusalem" (nicht belegt)
1924	Einführung der Hauszinssteuer
1924	Migge veröffentlicht erste Entwürfe der Freiraumgestaltung der Siedlung in seiner Zeitschrift „Siedlungswirtschaft"
1. April 1925	Die DVS wird als Tarnorganisation zum Aufbau einer Luftwaffe gegründet

April 1925	„Haberlandts Bauten-Nachweis" führt die Bautätigkeiten zur Siedlung an der Heerstraße erstmalig auf (fortlaufend bis September 1925)
9. Mai 1925	Die DVS stellt beim Reichsverkehrsministerium einen Antrag auf Ausbildungsgenehmigung
7. August 1925	Der Antrag der DVS auf Ausbildungsgenehmigung wird positiv beschieden
1925	Gutkind stellt die Siedlung „Neu-Jerusalem" in der Bauwelt vor (erste Veröffentlichung der Siedlung)
	Das Fertigteilhaus wird erstmals als Siedlungshaus in Staaken – im Bau befindlich – vorgestellt
21. Mai 1926	auf der Grundlage des Pariser Luftfahrtabkommens wird dem Deutschen Reich die Subventionierung der Fliegerausbildung für Zwecke der Verkehrsluftfahrt offiziell zugestanden
1926	Die DVS wird Generalpächter der Siedlung Neu-Jerusalem für fünf Jahre (bis 1931)
1926	Gutkind veröffentlicht die ersten Bilder der Siedlung in der Bauwelt
1926	Migge gibt das Buch „Deutsche Binnenkolonialisation, Sachgrundlagen des Siedlungswesens" heraus
1927	Erstmals werden die Gebäude der Siedlung im Berliner Adressbuch aufgeführt. (Die Angaben beziehen sich auf 1926)
1927-1928	Nutzung der Siedlung durch Flugschüler
1928-1929	Im Haus 9-10 befindet sich das „Flieger-Kasino"
Februar 1928	Gutkind lernt seine spätere zweite Ehefrau Anneliese Bulling kennen
23. März 1928	Die Umsiedlung der DVS nach Braunschweig wird beschlossen
1928	Höhepunkt des Architekten-Streits der 1920er Jahre im Dächerkrieg der Zehlendorfer Siedlungen
Anfang 1929	Das Flugpersonal wird nach Braunschweig verlegt
1929	Nach dem Auszug der DVS stehen 80 % der Siedlungsbauten leer
1929	Die Bauten nördlich der Heerstraße werden an die Wasserleitungen und die Kanalisation angeschlossen
1930-1933	Im Haus 9-10 befinden sich Hartwigs Bierstuben
1930	Hans Hertlein baut für Siemens das Schaltwerkhochhaus in Berlin-Siemensstadt
1931	Gutkind gibt mit Schallenberger sein letztes Buch in Deutschland heraus: „Berliner Wohnbauten der letzten Jahre"

1932	Umbenennung der Königsstraße in Nennhauser Damm, darauf folgt die postalische Trennung der Bauten am Nennhauser Damm von der „Siedlung an der Heerstraße"
1932	Das Fertigteilhaus wird erbaut
1932	Gutkind nimmt an der Ausstellung „Sonne, Luft und Haus für alle" mit eigenen Objekten teil
30. Januar 1933	Machtübernahme der Nationalsozialisten
28. Februar 1933	Verordnung des Reichspräsidenten zum Schutz von Volk und Staat (Zerschlagung der Gewerkschaften)
9./12. Mai 1933	Beschlagnahmeanordnung des Generalstaatsanwalts beim Landgericht Berlin führt zur Enteignung der Gewerkschaften. Deren Wohnungsbauunternehmen werden von der Deutschen Arbeitsfront übernommen
1933	Migges Büro wird von den Nationalsozialisten geschlossen, die Unterlagen gehen dabei vermutlich verloren
1933	Die Einfa übernimmt die Verwaltung der Siedlung (bis 1939)
1935	Der persönliche Nachlass Migges wird nach seinem Tode 1935 von der Familie vernichtet
1. März 1935	Gründung der Deutschen Luftwaffe
Herbst 1935	Gutkind emigriert nach Großbritannien
Dezember 1935	Gutkinds Wohnung in Berlin wird aufgelöst
1. September 1945	Beginn des Zweiten Weltkriegs
1943	Das in einem Seitenflügel des Rathauses Spandau untergebrachte Bauarchiv wird durch einen Bombenangriff total zerstört
14. September 1944	Im Londoner Abkommen und dessen Ergänzungen teilten die Alliierten das Deutsche Reich und die Hauptstadt Berlin in vier Besatzungszonen
1945	Migges Freund und Teilhaber an der Siedlerschule Worpswede, Max Schemmel, lässt bei seiner Flucht aus Breslau den gesamten planerischen Nachlass Migges zurück
26. April 1945	Die Rote Armee besetzt Staaken
8. Mai 1945	Ende des Zweiten Weltkriegs
4. August 1945	Britische Truppen besetzen Spandau, die sowjetischen Truppen ziehen ab
8. August 1945	Im Kontrollratsbeschluss wird ein Gebietstausch ausgehandelt der West-Staaken der sowjetischen Besatzungszone zuschlägt
1946	Gutkind kehrt als Mitglied der „Britischen Kontrollkommission" nach Deutschland zurück und ist für an der Planung des Wiederaufbaus Deutschlands zuständig

1947	Gutkind scheidet aus Protest gegen die seiner Meinung nach zu bürokratische Vorgehensweise der „Britischen Kontrollkommission für Deutschland" aus
8. Februar 1949	Gesetz zur Einziehung von Vermögenswerten der Kriegsverbrecher und Naziaktivisten und gemäß Verordnung vom 10. Mai 1949 zur Überführung von Konzernen und sonstigen wirtschaftlichen Unternehmen in Volkseigentum übergeführten Grundstücke
10. Mai 1949	Verordnung zur Überführung von Konzernen und sonstigen wirtschaftlichen Unternehmungen in Volkseigentum". Die DGG wird enteignet
8. November 1949	Der Magistrat von Groß-Berlin beschließt die Verordnung über die Errichtung der Volkseigenen Grundstücksverwaltung "Heimstätte Berlin"
1949	Die DGG wird durch den Magistrat von Groß-Berlin aufgelöst
17. Juli 1950	Die Siedlung wird in Volkseigentum übernommen, die Verwaltung wird der „Heimstätte Berlin" übertragen
1951	Die DGG wird als Eigentümerin aus dem Grundbuch gelöscht
1. Februar 1952	Besetzung West-Staakens durch die Volkspolizei
Juni 1952	West-Staaken wird dem Rat des Kreises Ost-Havelland unterstellt
1952	Die Kreisgrundstücksverwaltung Nauen (ab 1961 Kommunale Wohnungs-verwaltung Nauen) über nimmt die Verwaltung der Siedlung
13. August 1961	Bau der Berliner Mauer, Abspaltung West-Staakens von Berlin
8. April 1968	Gutkind wird mit dem Architekturpreis der Akademie der Künste Berlin ausgezeichnet
7. August 1968	Gutkind verstirbt in Philadelphia/USA
1971	Die Siedlung wird erstmals nach dem Zweiten Weltkrieg in der Literatur in: „Die Bauwerke und Kunstdenkmäler von Berlin, Stadt und Bezirk Spandau" aufgeführt
Mai 1975	Grabows Artikel „The Outsider in Retrospect: E. A. Gutkind" erscheint
1981	Noch erhaltenes Originalmaterial von und über Leberecht Migge wird von der Fachhochschule Kassel im Rahmen der „Ausstellung Leberecht Migge, Gartenkultur des 20. Jahrhunderts" ausgestellt und veröffentlicht
1983	Familie Berg erwirbt das Fertigteilhaus
1984	Das Stadtmuseum von Oldenburg übernimmt aus dem Nachlass von Anneliese Bulling-Gutkind mehr als 4.000 Briefe
1989	Rudolf Hierl stellt seine Dissertation „Erwin Anton Gutkind – "Neues Bauen" im Berlin der Weimarer Republik" fertig

9. November 1989	Der Fall der Berliner Mauer
3. Oktober 1990	Wiedervereinigung der beiden deutschen Staaten, West-Staaken wird wieder Teil Spandaus,
	Die Siedlung wird treuhänderisch durch die GSW verwaltet
1992	Rudolf Hierls Dissertation wird unter dem Titel: „Erwin Gutkind 1886-1968, Architektur als Stadtraumkunst" veröffentlicht
Februar 1992	Der Landeskonservator Berlin erkennt den schützenswerten Charakter der Siedlung
Mai 1995	Die Siedlung wird unter Denkmalschutz gestellt
1998	Bucciarelli veröffentlicht „Erwin Anton Gutkind 1886-1968 - un outsider nell´architectura berlinese degli anni venti"
2000	Die Bauten südlich der Heerstraße werden an die Kanalisation angeschlossen
August 2000	Die Katamon G.m.b.H. erstellt das Gutachten der „Gesamtanlage Flachbausiedlung „Neu Jerusalem""
2002	Martin Baumanns Dissertation wird unter dem Titel: „Freiraumgestaltung in den Siedlungen der zwanziger Jahre am Beispiel der Planungen des Gartenarchitekten Leberecht Migge" veröffentlicht
2005	Klärung der Eigentumsfrage. Die Siedlung bleibt beim Land Berlin
2005	Die Stiftung Denkmalschutz Berlin plant die Sanierung der Siedlung (wurde bisher nicht verwirklicht)
2006	Ein angekündigter Denkmalpflegeplan wird nicht realisiert
2007	Der Bezirk Spandau 2007 gibt seine Anteile an der Siedlung an den Liegenschaftsfond Berlin ab
	Der Liegenschaftsfond Berlin beschließt den Verkauf der Siedlung
1. April 2008	Die Siedlung wird vom Liegenschaftsfond an die NCE verkauft
Juli 2008	Die NCE beauftragt die Architektenpartnerschaft 3PO Bopst Melan in Zusammenarbeit mit dem Landschaftsarchitekten Marcel Adam die Siedlung zu entwickeln
2008	Das Büro Lutz Ehmke Immobilien e.K. betreut die die Siedlung (bis November 2011)
Juli-August 2008	Die „Restauratorische Befunderhebung zu historischen Gestaltungen der Fassaden und der Treppenhäuser, 21 Doppelhäuser der Siedlung Neu Jerusalem" von Andrea Teufel wird erstellt
April 2012	Die insolvente NCE verkauft die Siedlung mit der Eigentümergesellschaft an die „Prinz von Sachsen Immobilien GmbH"

April 2012   Die „Prinz von Sachsen Immobilien GmbH" verkauft entgegen
             den Auflagen der Denkmalschutzbehörde die DHH einzeln an
             verschiedene Einzeleigentümer

15 Abbildungsteil

Die Abbildungen sollen im Wesentlichen die Textstellen belegen bzw. nachvollziehbar machen. In vielen Fällen lassen sich erst durch Vergleich der Ansichten „offensichtliche" Rückschlüsse auf Entwicklungen oder Verbindungen und Zusammenhänge erkennen.

15.1 Abbildungsverzeichnis

15.2 Abbildungen

Die Abbildungen sollen im Wesentlichen die Textstellen belegen bzw. nachvollziehbar machen. In vielen Fällen lassen sich erst durch Vergleich der Ansichten „offensichtliche" Rückschlüsse auf Entwicklungen oder Verbindungen und Zusammenhänge erkennen.

Quelle, sofern nicht anders angegeben: Sammlung des Autors.

Abbildung 1: Portrait Erwin Gutkind, um 1960

Abbildung 2: Gartenseite in der Ursprungsfassung, um 1925
Auf dem Dach sind Lichtluken hineinretuschiert worden.
Quelle: Gutkind E. A., 1926, S. 8 o.

Abbildung 3: Lageplan der Selbstversorgersiedlung Staaken, 2007
Die Siedlung entwickelt sich entlang des Straßen- und Wegenetzes

Abbildung 4: Die Siedlung im Grüngürtel Berlins
Luftbild von Süden zeigt die abgelegene Lage der Siedlung. Ganz links ist das
Fertigteilhaus zu sehen.
Quelle: Sammlung Veronika Berg

Siedelung an der Heerstr. u. Königstr.

← Döberitzer Heerstr. →

1. 2—25. 26 und 31. 32.
bis 33. 34 Grundst. d.
Deutsch. Gartenstadt-
Ges. m. b. H.
E. Deutsche Gartenstadt-
Ges. m b. H. (Berlin).
Gen.-Pächt.: Deutsche
Verkehrsfliegerschule,
Zweigstelle Staaken T.
1. 2 Baerwolf, C., Monteur.
Vetter, G., Monteur.
3. 4 Böhm. W., Flugzeug-
wart.
Claus, W., Werkmstr.
Kahlau, P., Flugzeugwart.
5. 6 Gehlhaus. J., Flug-
zeugwart.
Scholz. O., Ing.
Vollmer, W., Flugzeug-
wart.
7. 8 Barth, K., Flugzeugwart.
Schmidt. F., Spleißer.
Spindler, W., Mechanik.
9. 10 Hartwig, W., Werk-
mstr.
11. 12 Fruhner, O., Fluglehr.
Reimann, H., Flugzeug-
wart.
13. 14 Kiffner, E., Ingen.
15. 16 Böhm, M., Werkmstr.
Gräßel, G., Lagerverw.
Klara, B., Frau.
Wasgien, K., Flugzeug-
wart.
17. 18 Fromaherz, H.,
Flugleit.
19. 20 Krüger, Werkmstr.
21. 22 Schlegelmilch, K.,
Flugzeugwart.
23. 24 (Von Flugschülern
bewohnt).
25. 26 Ehrler, A., Funkmstr.
Kinderbater, H., Werkmstr.
Schmidt, G., Flugzeug-
mont.
27. 28, 29. 30 u. 35. 36 bis
43. 44 E. Wohnungs-
Fürsorge Groß-Berlin
(Berlin).
27. 28 Brecher, A., Kunstmal.
Kahl. H., Ingen.
29. 30 Rohöll, H., Dr., Meteoro-
loge.
31. 32 Keller, A., Major a.D.
33. 34 Gerich, G., Fluglehr.
Steindor., H., Fluglehr.
35. 36 Prinz, K., Kfm.
37. 38 Cranz, W., Kfm.
Goßlau, O., Dipl. Ing.
39. 40 Eichinger, H., Kfm. T.
Reich, H., Maler.
41. 42 Schüttel, L., Jour-
nalist T.
Theile, M., Ww.
43. 44 (Unbewohnt)

← Döberitzer Heerstr. →

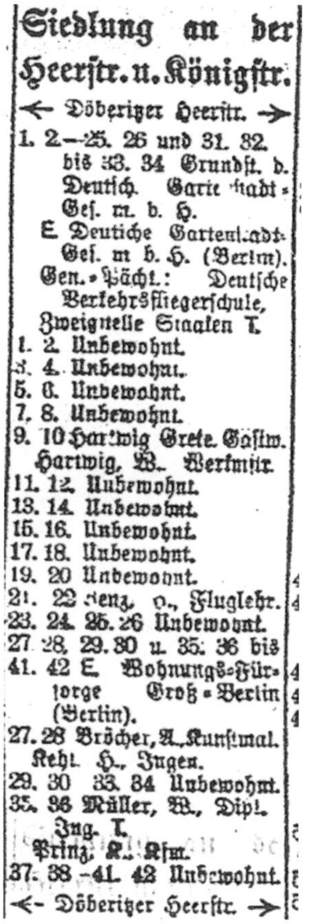

Siedlung an der Heerstr. u. Königstr.

← Döberitzer Heerstr. →

1. 2—25. 26 und 31. 32.
bis 33. 34 Grundst. d.
Deutsch. Gartenstadt-
Ges. m. b. H.
E. Deutsche Gartenstadt-
Ges. m b. H. (Berlin).
Gen.-Pächt.: Deutsche
Verkehrsfliegerschule,
Zweigstelle Staaken T.
1. 2 Unbewohnt.
3. 4 Unbewohnt.
5. 6 Unbewohnt.
7. 8 Unbewohnt.
9. 10 Hartwig Grete. Gastw.
Hartwig, W. Werkmstr.
11. 12 Unbewohnt.
13. 14 Unbewohnt.
15. 16 Unbewohnt.
17. 18 Unbewohnt.
19. 20 Unbewohnt.
21. 22 Lenz, O., Fluglehr.
23. 24. 25. 26 Unbewohnt.
27. 28, 29. 30 u. 35. 36 bis
41. 42 E. Wohnungs-Für-
sorge Groß-Berlin
(Berlin).
27. 28 Bröcher, A. Kunstmal.
Kehl. H., Ingen.
29. 30. 33. 34 Unbewohnt.
35. 36 Müller, W., Dipl.
Ing. T.
Prinz. K. Kfm.
37. 38—41. 42 Unbewohnt.

← Döberitzer Heerstr. →

Abbildungen 5 und 6: Auszüge aus dem Berlin Adressbuch 1928/1929
1928 war noch das geplante Doppelhaus 43-44 verzeichnet. Im Jahr 1929 war der
große Leerstand auch in Berliner Adressbuch unübersehbar.
Quelle: Berliner Adressbuch, 1919 ff.

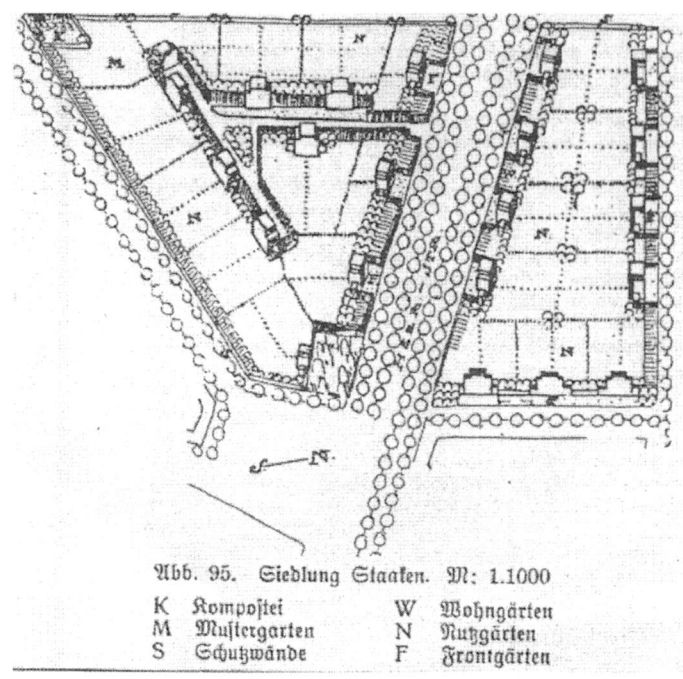

Abb. 95. Siedlung Staaken. M: 1.1000

K Kompostei   W Wohngärten
M Mustergarten   N Nutzgärten
S Schutzwände   F Frontgärten

Abbildung 7: Die Grünflächenplanung der Siedlung, 1924
Rechts oben ist an der Stelle, an der sich heute das Fertigteilhaus befindet, ist in der
Planung noch ein Doppelhaus vorgesehen. Der dazugehörige Garten ist (M) als
Mustergarten geplant mit einer Komposterei.
Quelle: Migge L. , 1924, S. 427

Abbildungen 8 und 9: Unbefestigte Straßen und Wege der Siedlung, 2013
Links :Straße 388, die den Innenbereich des südlichen Siedlungsteils erschließt.
Rechts: Straße 387, die den nördlichen Siedlungsteil nach Westen hin abschließt.
Quelle Abb. 8: Sammlung Veronika Berg

Abbildung 10: Traditionelles Bauen in Staaken, um 1920
Hohe Giebel, unterschiedliche Dachformen, gewundene Straßen und traditionelle
Fensterformen bestimmen das Bild.

Abbildung 11: Neues Bauen in Staaken, um 1925
Kubische Formen, Flachdächer, horizontale Fenster und Funktionalismus
prägen das Bild.

Abbildung 12: Doppelhaus von Mendelsohn am Karolinger Platz, 1922
Das Eckhaus zeigt viele Stilelement, die Gutkind später für sein Vokabular nutzt und weiterentwickelt.

Abbildung 13: „Villa Sternefeld" von Mendelsohn, 1923
Die kubischen Formen und die lagernde Form, die noch durch die liegenden Fenster unterstrichen wird finden sich in Gutkinds Siedlungsbauten wieder

Abbildung 14: „Villa Dr. R." von H. Rosenthal – Gartenansicht, 1922
Der Vergleich mit der Gartenansicht der Doppelhäuser von Gutkind in Staaken offenbart
viele Parallelen.

Abbildung 15: Der „Sonnenhof" in Berlin Lichtenberg, 1925-27
Der Sonnenhof, Gutkinds ausgereiftestes Bauwerk präsentiert die
Gestaltungsmerkmale der Fassadengestaltung in idealtypsicher weise

Abbildung 16: Gutkinds Konzepte im Industriebau – Schaltwerk, 1930
Die Konzepte Gutkinds finden sich in der Industriearchitektur der späten 1920er Jahre
wieder.

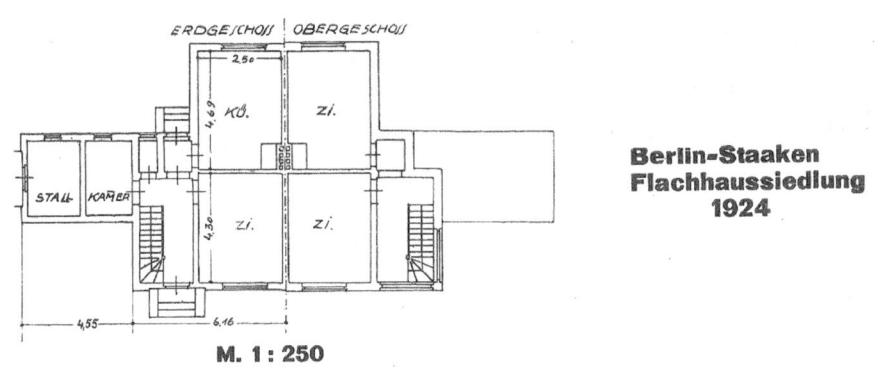

Berlin-Staaken
Flachhaussiedlung
1924

M. 1 : 250

Abbildung 17: Grundriss von Erdgeschoss und Obergeschoss, 1925
Die Zimmereinteilung geht klar von einer Familie je Doppelthaushälfte aus.
Dabei ist zwar eine Küche aber weder Bad noch Toilette vorgesehen.
Quelle: Gutkind E. A., 1926, S. 8 m

Abbildung 18: Luftbild der Siedlung zeigt die Dachluken- Ausschnitt
Nach dem Überputzen der Fassade und dem Einsetzen von Fenstern auf der
Gartenseite des Dachgeschosses sind die Dachluken noch vorhanden.

Abb. 13. Siedlungshaus in Staaken (im Bau). Grundsatz: Reihenherstellung aus genormten Betonstützen,
Deckenteilen und glasierten Wandplatten

Abbildung 19: Modell des Fertigteilhauses, 1925
Auch wenn in der zeitgenössischen Literatur suggeriert wurde, dass das Haus bereits
errichtet wurde, wurde es tatsächlich erst 1932 gebaut.
Quelle: Gutkind E. A., 1925, S. 5, Abb. 13

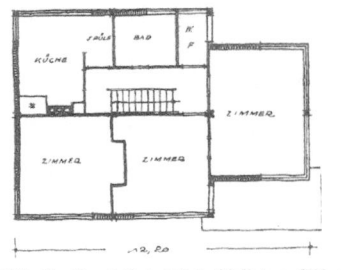

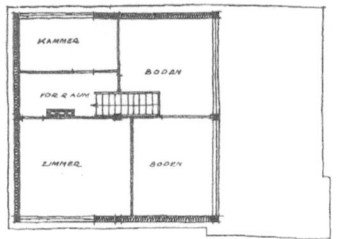

Abb. 11. Grundriß des Erdgeschosses zu Abb. 13   Abb. 12. Grundriß des Obergeschosses

Abbildung 20: Grundriss des Fertigteilhauses, 1925
Quelle: Gutkind E. A., 1925, S. 5, Abb.11, 12

Abbildung 21: Das Fertigteilhaus, 1937
Das einzige bisher veröffentlichte Foto des Fertigteilhauses. Auf der Terrasse sitzt die
Tochter der ersten Bewohner des Hauses.

Abb. 29. Heerstraße, Siedlung Staaken bei Berlin, mit Rücksicht auf die Lage an einer monumentalen Ausfallstraße räumliche Betonung der Vorgärten.

Abbildung 22: Vorgärten und Schutzhecken, 1924
Die Form und die Höhe der Schutzhecken sind auf die kubische Architektur der Bauten abgestimmt. Selbst die Durchgänge in den Schutzhecken zu den Gärten sind der kubischen Form angepasst.
Quelle: Migge L. , 1926, S. Abb. 29, 31, 30

Abbildung 23: Umsetzung der Vorgartengestaltung, um 1927
Die Wege zu den Eingangstüren führen um eine Rasenfläche, die beide Doppelhaushälften verbinden, herumgeführt
Quelle: Gutkind E. A., 1926, S. 8 o., m., u.

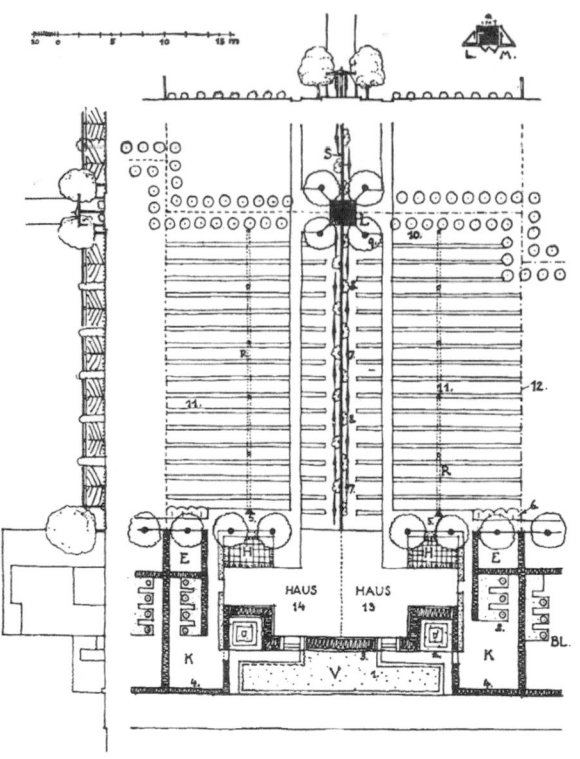

Abb. 31. Siedlung Staaken. 2 Einzelgärten von je 720 qm.
K Kinderspielgarten, V Vorgarten, Bl Blumengarten, E Erdgarten, H Hühnerhof
S Spalier- und Schutzwand, L Sitzplätze, R Regenanlage. 1. Rasen, 2. Stauden
3. Blütensträucher, 4. Schutzhecke, 5. Birnen hochst., 6. Himbeeren, 7. Äpfelspaliere
8. Brombeeren, 9. Pflaumen, 10. Johannisbeeren, 11. Anzuchtbeete.

Abbildung 24: Plan der Gartengestaltung, 1924
Der Plan zeigt nicht nur die Aufteilung der einzelnen Gartenbereiche, sondern gibt auch
die Art der Bepflanzung detailliert an.
Quelle: Migge L. , 1926, S. Abb. 29, 31, 30

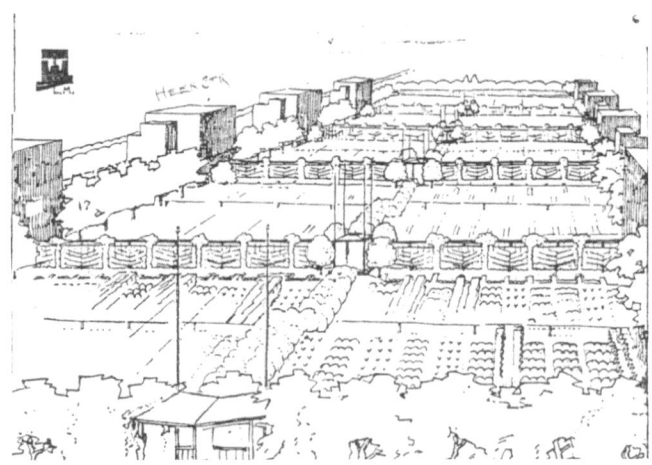

Abbildung 25: Perspektivischer Blick über die Gartenbereiche, 1924
Die Abbildung zeigt die Anordnung der Gartenlauben, Beete und die Arten der
Abgrenzung zu den Nachbargärten durch Betonmauern und Spaliere.
Quelle: Migge L. , 1926, S. Abb. 29, 31, 30

Abbildung 26: Die Gaststätte „Flieger Kasino", Ansichtskarte um 1929
Der Gastwirt E. Humpert betrieb das Lokal „Flieger-Kasino von 1928-1929
im Haus 9/ 10 am östlichen Begrenzungsweg Ecke Heerstraße.

Abbildung 27: Hartwigs Bierstuben, Ansichtskarte um 1930
Nachfolger war die Gaststätte Hartwigs Bierstuben (1929-1932) bereits mit überputzten
Sichtziegeln. Die Dächer sind noch im Originalzustand.

11.2 Bauzeitliche Farbgestaltung: LF 1:

Bauteil	Farbe	Farbton (leichte Abweichungen durch Ausdruck möglich!)
Klinkerbereiche	Rotbraun-mittel, entspricht ca. Farbton KEIM 9122	
Fugenmörtel der Klinker	Ocker-gräulich-hell, entspricht ca. Farbton KEIM 9253	
Farbfassung d. Putzes EG	Kalkanstrich, Grau-hell, KEIM 9494 (wärmerer Farbton) *oder:*	
	Kalkanstrich, Grau-hell, KEIM 9493 (kühlerer Farbton)	
Sockelplatten	Materialfarbigkeit, Grau-grünlich-hell, KEIM 9310 (Farbe & Oberfläche wie Zementpulver)	
Gemalte Fugen auf Sockelplatten	Weiß-gräulich, KEIM 9314	
Kantenschutzschienen an Laibungskanten der straßenseitigen Hauseingangstür	VA: weiß, NCS S 0603-G80Y 1/22, DA: ocker-mittel, NCS S 3030-Y20R 5/60	
Rückspringenden straßenseitigen Eingangstürrahmung und vermutl. verputzte Ecken zw. den Fassaden-Eckfenstern	Kalkanstrich, Ocker-mittel, KEIM 9066 (dunklere Variante) *oder:*	
	Ocker-hell, KEIM 9069 (hellere Variante)	
Hauseingangstür	Ölfarbe, DA, braun-rötlich-mittel, NCS S 4040-Y90R 9/66 (entspricht Farbton der Klinker)	
Gartenseitige Eingangstür	Ölfarbe, grau-mittel, NCS S 3005-B20G 4/17	
Fenster komplett:	Ölfarbe, DA dünn, grau-mittel, NCS S 3005-B20G 4/17	Siehe Tür ↑

Abbildung 28: Bauzeitliche Baufassungen
Die Farbfassungen nach der Fertigstellung der Bauten um 1925
Quelle: Teufel, 2008, S. 12 - 21

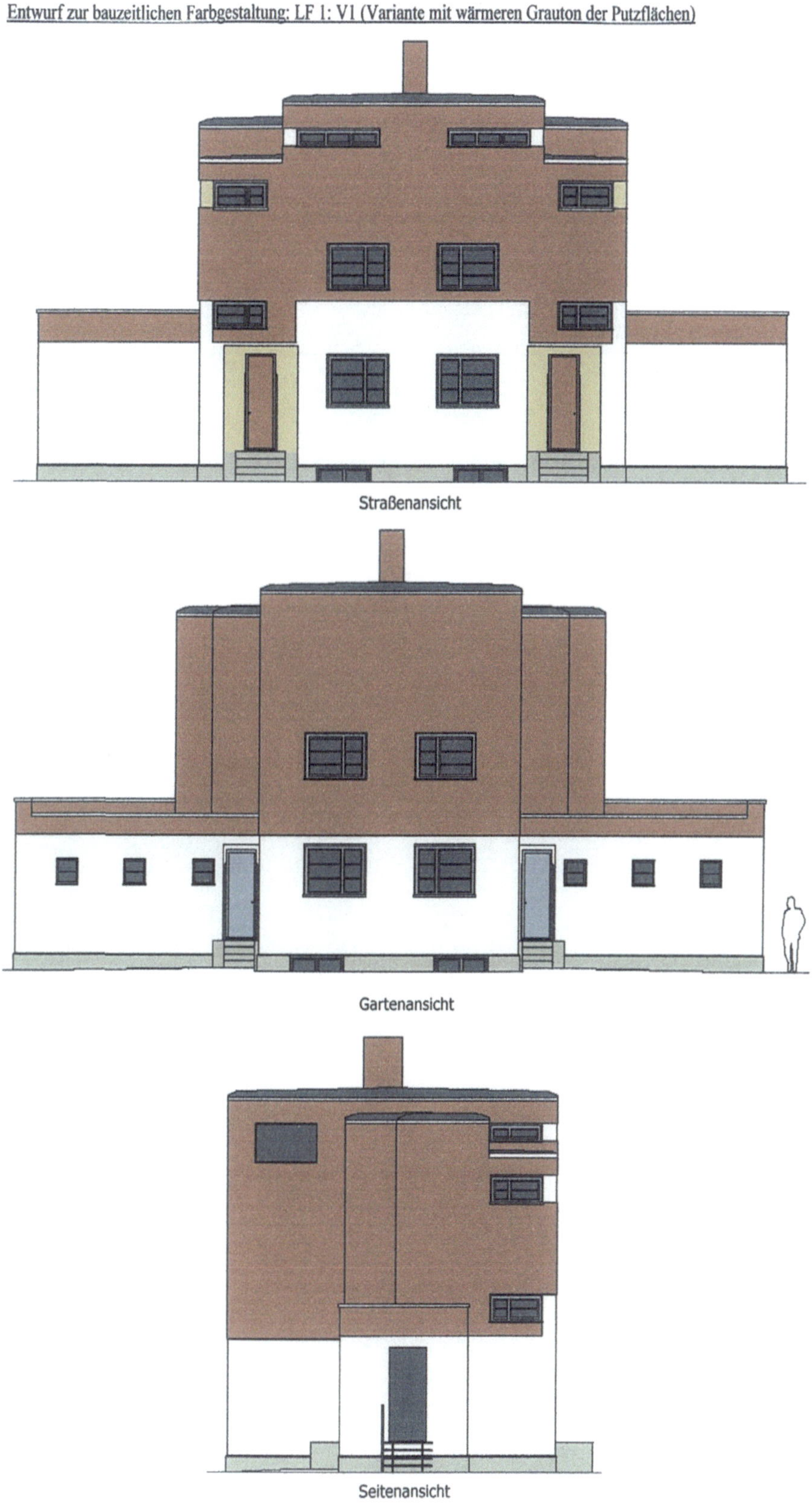

Entwurf zur bauzeitlichen Farbgestaltung: LF 1: V1 (Variante mit wärmeren Grauton der Putzflächen)

Straßenansicht

Gartenansicht

Seitenansicht

Abbildung 29: Bauzeitliche Farbfassung – wärmerer Grauton
Quelle: Teufel, 2008, S. 12 - 21

Straßenansicht

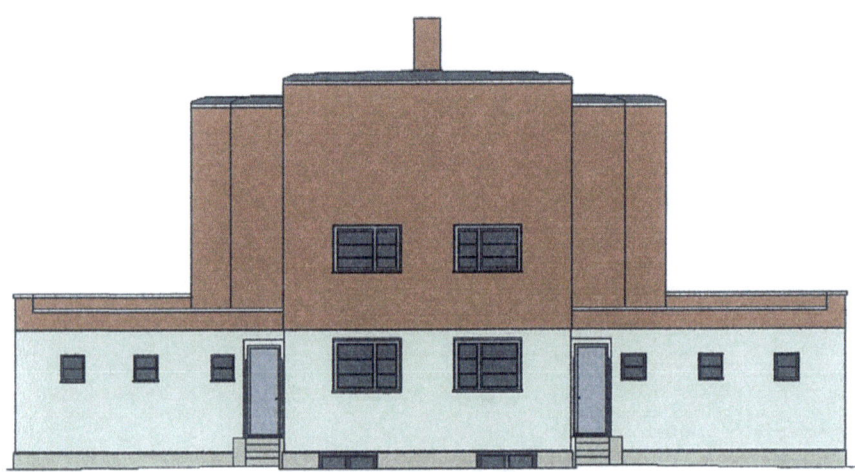

Gartenansicht

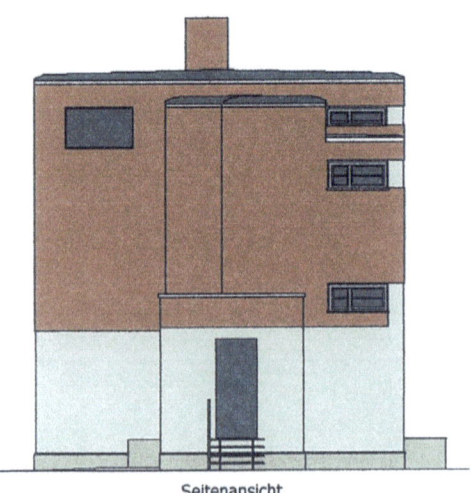

Seitenansicht

Abbildung 30: Bauzeitliche Farbfassung – kühlerer Grauton
Quelle: Teufel, 2008, S. 12 - 21

Bauteil	Farbe	Farbton (leichte Abweichungen durch Ausdruck möglich!)
Klinkerbereiche	Rotbraun-mittel, entspricht ca. Farbton KEIM 9122	
Fugenmörtel der Klinker	Ocker-gräulich-hell, entspricht ca. Farbton KEIM 9253	
Farbfassung d. Putzes EG	Kalkanstrich, Grau-hell, KEIM 9494 (wärmerer Farbton) *oder:*	
	Kalkanstrich, Grau-hell, KEIM 9493 (kühlerer Farbton)	
Sockelplatten	Materialfarbigkeit, Grau-grünlich-hell, KEIM 9310 (Farbe & Oberfläche wie Zementpulver)	
Gemalte Fugen auf Sockelplatten	Weiß-gräulich, KEIM 9314	
Kantenschutzschienen an Laibungskanten der straßenseitigen Hauseingangstür	DA: grau-mittel, NCS S 2502-R 5/8	
Rückspringenden straßenseitigen Eingangstürrahmung und vermutl. verputzte Ecken zw. den Fassaden-Eckfenstern	möglicherweise wie Kantenschutzschiene?	
Hauseingangstür	Ölfarbe, DA, braun-rötlich-mittel, NCS S 4040-Y90R 9/66 (entspricht Farbton der Klinker)	
Gartenseitige Eingangstür	Ölfarbe, blau-grünl.-dunkel NCS S 6030-R90B 2/163	
Fenster: - Flügel - Rahmen	Ölfarbe, weiß-gräulich, NCS S 0500-N 2/1	
Fenster: - Blendrahmen	Ölfarbe, blau-grünl.-dunkel NCS S 6030-R90B 2/163	

Abbildung 31: Zweite Farbfassung vor 1929
Die Farbfassungen vor dem Überputzen der Sichtziegelflächen
Quelle: Sammlung Veronika Berg

Entwurf zur Farbgestaltung: LF 2: (V1mit wärmerem Grauton der Putzflächen)

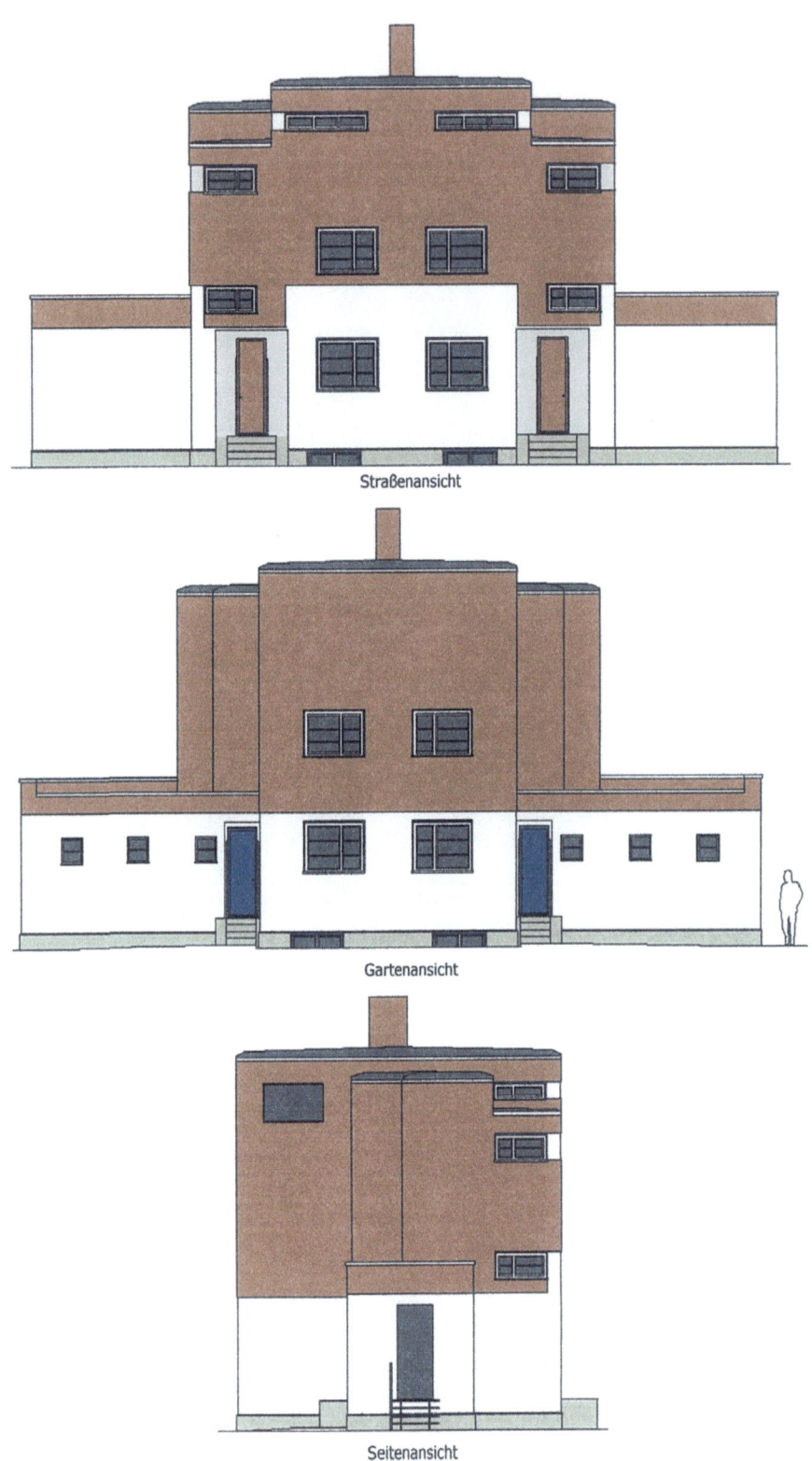

Straßenansicht

Gartenansicht

Seitenansicht

Abbildung 32: Zweite Farbfassung vor 1929
Quelle: Teufel, 2008, S. 12 - 21

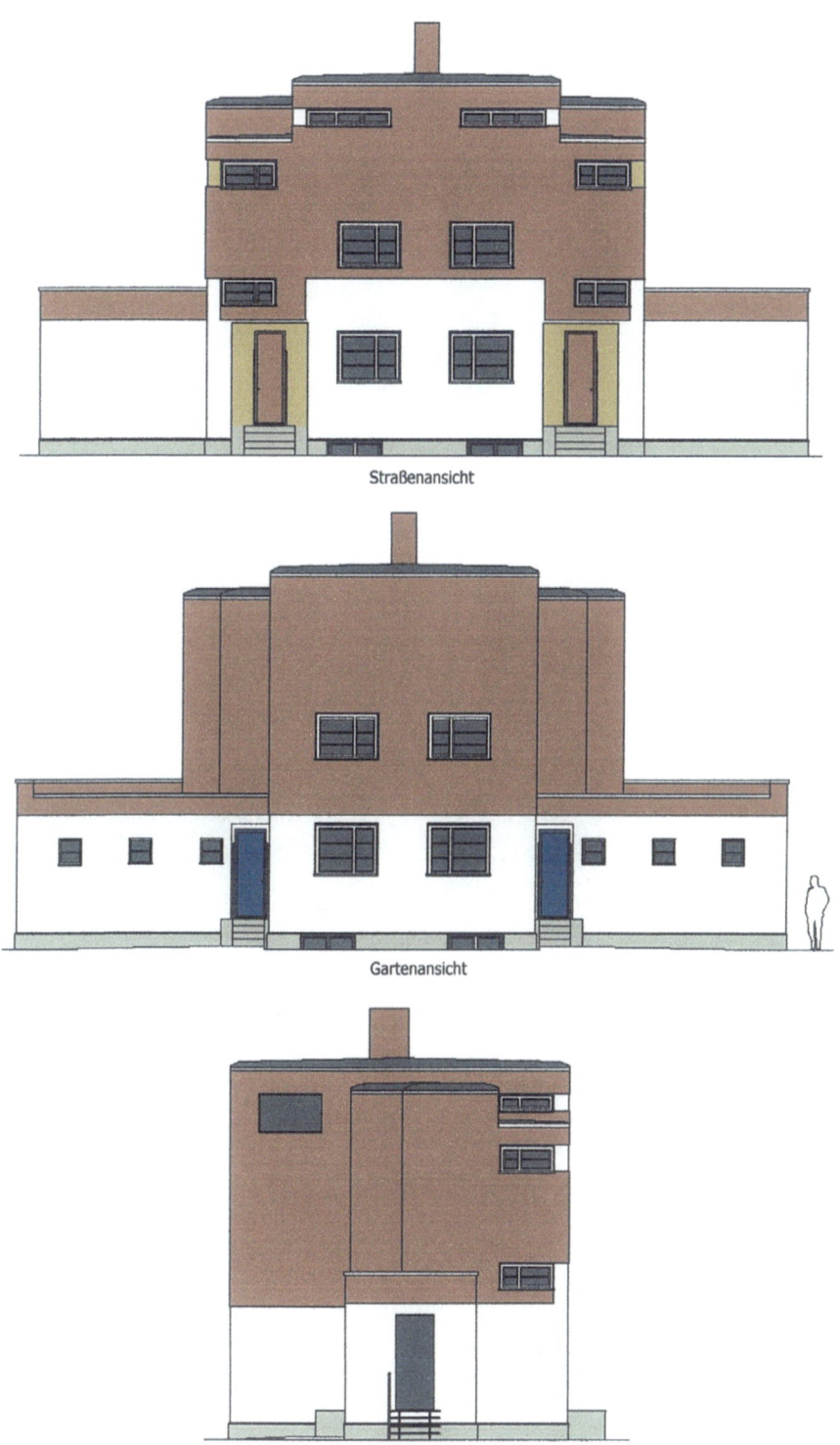

Straßenansicht

Gartenansicht

Seitenansicht

Abbildung 33: Zweite Farbfassung vor 1929 - Variante
Mit wärmerem Grauton der Putzflächen und Ocker abgesetzten Eingangsnischen.
Quelle: Teufel, 2008, S. 12 - 21

Bauteil	Farbe	Farbton (leichte Abweichungen durch Ausdruck möglich!)
Klinkerbereiche	Rotbraun-mittel, entspricht ca. Farbton KEIM 9122	
Fugenmörtel der Klinker	Ocker-gräulich-hell, entspricht ca. Farbton KEIM 9253	
Farbfassung d. Putzes EG	Kalkanstrich, Grau-hell, KEIM 9494 (wärmerer Farbton) oder:	
	Kalkanstrich, Grau-hell, KEIM 9493 (kühlerer Farbton)	
Sockelplatten	Materialfarbigkeit, Grau-grünlich-hell, KEIM 9310 (Farbe & Oberfläche wie Zementpulver)	
Gemalte Fugen auf Sockelplatten	Weiß-gräulich, KEIM 9314	
Kantenschutzschienen an Laibungskanten der straßenseitigen Hauseingangstür	Ölfarbe, Grün-gräulich-mittel NCS S 3030-G40Y 6/19	
Rückspringenden straßenseitigen Eingangstürrahmung und vermutl. verputzte Ecken zw. den Fassaden-Eckfenstern	möglicherweise wie Kantenschutzschiene?	
Hauseingangstür	Ölfarbe, Grün-gräulich-mittel NCS S 3030-G40Y 6/19	
Gartenseitige Eingangstür	Ölfarbe, Orangerot-bräunlich-mittel, NCS S 4050-Y70R 10/67	
Fenster: - Flügel - Rahmen	Ölfarbe, weiß-gräulich, NCS S 0500-N 2/1	
Fenster: - Blendrahmen und unterer Teil der Rahmung	Ölfarbe, Orangerot-bräunlich-mittel, NCS S 4050-Y70R 10/67	

Abbildung 34: Dritte Farbfassung bei Überputzen der Sichtziegelflächen
Quelle: Teufel, 2008, S. 12 - 21

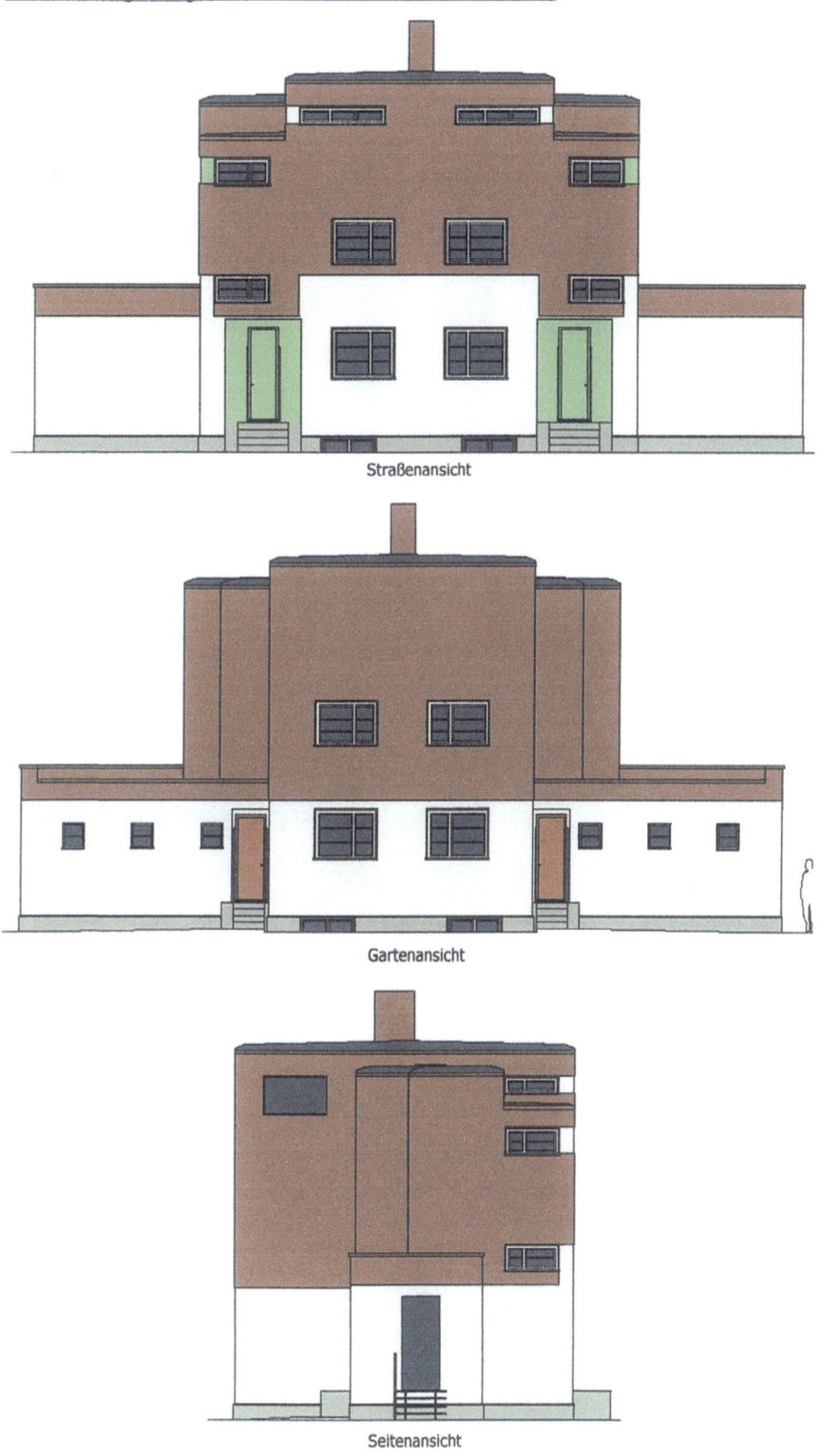

Straßenansicht

Gartenansicht

Seitenansicht

Abbildung 35: Dritte Farbfassung bei Überputzen der Sichtziegelflächen
Mit wärmerem Grauton der Putzflächen.
Quelle: Teufel, 2008, S. 12 - 21

Original-Vorderansicht (1925)

Original-Seitenansicht (1925)

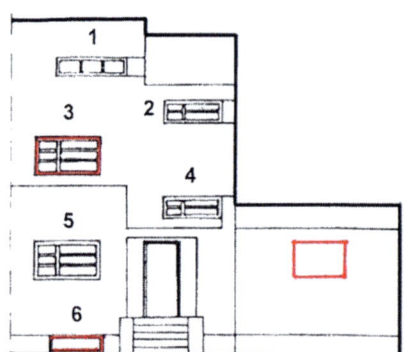
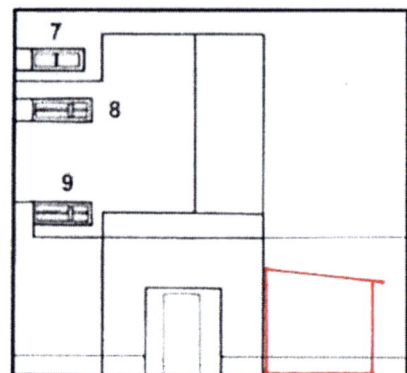

Original-Rückansicht (1925)

Abbildung 36: Systematik der Lage der Fenster, Katamon 2000
Die Fenster sind nach Ansichten geordnet und durchnummeriert. In Rot sind
Veränderungen gegenüber dem Originalzustand markiert.
Quelle: Katamon G.m.b.H., 2000, S. 19

Abbildung 37: Veränderungen am Doppelhaus – 1, 2013
Das Haus hat ein zusätzliches Fenster im Anbau (straßenseitig), Steigeisen am Anbau,
Regenrohre an der Fassade und ein Kamin auf dem Anbau.

Abbildung 38: Veränderungen am Doppelhaus – 2, 2013
Garagenbauten und individuelle Zäune.

Abbildung 39: Veränderungen am Doppelhaus – 3, 2013
Veränderter Grundriss durch Verbreiterung des Anbaus

Abbildung 40: Veränderungen am Doppelhaus – 4, 2013
Ein „DDR-saniertes" Haus mit stark veränderter Fassade und „neuen" Fenstern

Abbildung 41: Veränderungen am Doppelhaus – 5, 2013
Vordach an der Eingangstür und Sprossung im Erdgeschossfenster entfernt.

Abbildung 42: Veränderungen am Doppelhaus – 6, 2013
Anbau am Haus und Fenster im Treppenhaus ergänzt.

Abbildung 43: Veränderungen am Doppelhaus – 7, 2013
Die Terrasse am Anbau zerstört den Gesamteindruck des Baus.

Abbildung 44: Die Siedlung an der Heerstraße, Ansichtskarte um 1935
Blick von Süden auf die Siedlung. Die sind Fenster bereits zum Teil ohne Sprossung.
Die Flugzeuge wurden in das Bild hineinretuschiert.

Abbildung 45: Die Siedlung an der Heerstraße, Ansichtskarte um 1935
Blick über die Heerstraße auf den nördlichen Teil der Siedlung. Gartenseitig wurden
bereits Fenster im Dachgeschoss eingebaut.

Abbildung 46: Die Neue Siedlung in Fehrbellin, Ansichtskarte um 1930
Die „Jerusalemhäuser" der Rentengutsiedlung.

Abbildung 47: Die Weißenhofsiedlung als Araberdorf bezeichnet, 1928
Die Propagandakarte erschien vor der Machtübernahme der National-sozialisten und symbolisiert die Radikalität der Auseinandersetzung.

Abbildung 48: Die DVS Staaken, um 1927

Abbildung 49: Hauptmann Alfred Keller (1882 – 1974)
Leiter der Verkehrsfliegerschule 1925 – 28, war in dieser Zeit alleiniger Bewohner im
Haus 31-32der Siedlung

EINFA-SIEDLUNGEN
im Stadtplan von Berlin

Zentralbüro: Berlin SO 16
Köpenicker Straße 80 / Telefon: F7 Jannowitz 6011

●

Die Verkehrsverbindungen zu den einzelnen Siedlungen, sowie die Adressen der Verwaltungsbüros in den Siedlungen sind aus umseitigem Text ersichtlich.

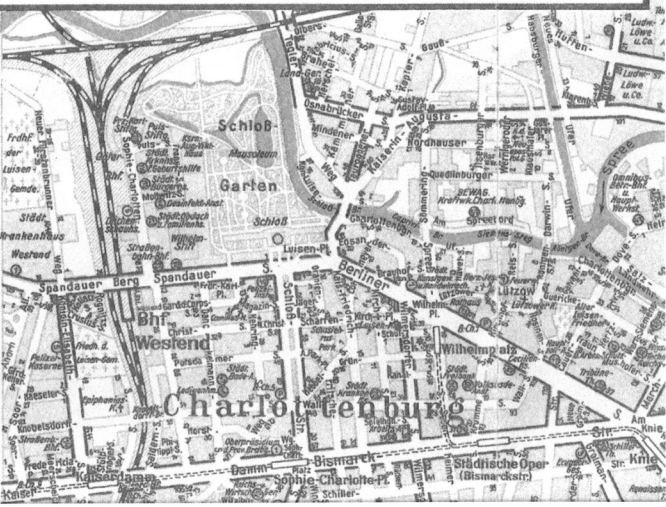

Abbildung 50: Die Verwaltung durch die Einfa, um 1933
Werbeschrift der Einfa mit Eintragung der Siedlung in Staaken
Quelle: Prospekt der Einfa

16.1 Anlage 1   Verzeichnis der Abbildungen der Siedlung

Archive / Sammlungen Stand 2013

Motiv	Fotograf/ Gestalter/ Verlag	LDA Berlin	Landes- archiv Berlin	Universität Marburg	Stadtarchiv Spandau	NL Gutkind University Phliadelphia	Spandauer Geschichts- verein	Sammlung Berg	Sammlung Oberländer
DH	Willy Scholz?	LKB 2570		Microfiche mi03804a10a					
DH	Willy Scholz?								
DH	k. A.		LBB II, **891** 38676	mi03804a09a	P 189				
DH	k. A.		LBB II, **889** 38675	Microfiche mi03804a11a	P 188				
DH	k. A.		LBB II, **892**	Microfiche mi03804a12a	P 189				
DH	Hagemann, Otto		LBB II, **496** 38674	Microfiche mi03804a08a	P 188				
DH	k. A.		LBB II, **496**	Microfiche mi03804a08a					
DH	k. A.								
DH	O. Streich								Ansichtskarte
DH	J. L. R.								
DH	Gutkind?								
DH	Hagemann, Otto		LBB **0204426** 38670	Microfiche mi03804a06a					
DH	Hagemann, Otto		LBB **202067** 38672						
DH	Hagemann, Otto		LBB **202066** 38671						

Motiv	Fotograf/ Gestalter/ Verlag	LDA Berlin	Landes-archiv Berlin	Universität Marburg	Stadtarchiv Spandau	NL Gutkind University Philiadelphia	Spandauer Geschichts-verein	Sammlung Berg	Sammlung Oberländer
DH	k. A.								Ansichtskarte
DH	k.A.								Foto
DH	Nebelung							Foto	
DH	k. A.	LBK		Microfiche mi03804a05a					
DH	k. A.	LBK		Microfiche mi03804a13a					
DH	k. A.	LBK		Microfiche mi03804a14a					
FH	Willy Scholz?			Microfiche mi03929d01a		Erwin Anton Gutkind Collection 056.5			
FH	Nebelung							Foto	
FH	Hagemann, Otto		LBB 0202108 38673	Microfiche mi03804a07a					
FH	Nebelung							Foto	
FH	Nebelung							Foto	
FH	Nebelung							Foto	
FH	Nebelung							Foto	
FH	Gutkind?								
FH	Gutkind?								
G	Migge								
G	Migge								
G	Migge								
G	Migge								
G	Migge								

zeitgenössische Literatur 1924 bis 1933

Motiv	Fotograf/Gestalter/Verlag	Migge 1924	Migge 1925	Gutkind 1925	Migge 1926	Gutkind 1926	Platz 1927	Wattjes 1927	Müller-Wulckow 1928	Hajos / Zahn 1928
DH	Willy Scholz?					S. 8 o.*			S. 58	
DH	Willy Scholz?					S. 8 u.		Abb. 109		
DH	k. A.									
DH	k. A.									
DH	k. A.									
DH	Hagemann, Otto									
DH	k. A.									
DH	k. A.									
DH	O. Streich									
DH	J. L. R.					S. 8 m.				
DH	Gutkind?									
DH	Hagemann, Otto									
DH	Hagemann, Otto									
DH	Hagemann, Otto									
DH	k. A.									
DH	k.A.									
DH	Nebelung									
S	k. A.									
S	k.A.									
S	k.A.									

Motiv	Fotograf/ Gestalter/ Verlag	Migge	Migge	Gutkind	Migge	Gutkind	Platz	Wattjes	Müller-Wulckow	Hajos / Zahn
		1924	1925	1925	1926	1926	1927	1927	1928	1928
S	k.A.									
DH	k. A.									
DH	k. A.									
DH	k. A.									
FH	Willy Scholz?			S. 5, Abb. 13			S. 432			S. 44
FH	Nebelung									
FH	Hagemann, Otto									
FH	Nebelung									
FH	Nebelung									
FH	Nebelung									
FH	Nebelung									
FH	Gutkind?			S. 5, Abb. 11						
FH	Gutkind?			S. 5, Abb. 12						
G	Migge				S. 76, Abb. 29					
G	Migge		S. 123, Abb. 17		S. 77, Abb.30					
G	Migge	S. 427								
G	Migge		S. 124, Abb. 18		S. 78, Abb. 31					
G	Migge		S. 124, Abb. 18		S. 78, Abb. 31					

Neuzeitliche/aktuelle Literatur 1971 bis 1999

Motiv	Fotograf/ Gestalter/ Verlag	Jahn 1971	Klünner 1978	Kassel 1981	Grothe 1982	TU Berlin 1982	Scolari 1982	Hierl 1992	Hierl 1995	Bucciarelli 1998
DH	Willy Scholz?						S. 39, Abb. 2	S. 35*		
DH	Willy Scholz?							S. 33 o.		68
DH	k. A.									
DH	k. A.									
DH	k. A.	Abb. 377				S. 30, Abb. 33				
DH	Hagemann, Otto									
DH	k. A.		S. 58 u.							
DH	k. A.									
DH	O. Streich									
DH	J. L. R.									
DH	Gutkind?							S. 33 u.		
DH	Hagemann, Otto									
DH	Hagemann, Otto									
DH	Hagemann, Otto									
DH	k. A.									
DH	k.A.									
DH	Nebelung				S. 74, Abb. 96					
S	k. A.									
S	k.A.									
S	k.A.									
S	k.A.									
DH	k. A.									
DH	k. A.									
DH	k. A.									
FH	Willy Scholz?							S. 39	1432, 2. v. o.	

Motiv	Fotograf/ Gestalter/ Verlag	Jahn 1971	Klünner 1978	Kassel 1981	Grothe 1982	TU Berlin 1982	Scolari 1982	Hierl 1992	Hierl 1995	Bucciarelli 1998
FH	Nebelung									
FH	Hagemann, Otto									
FH	Nebelung									
FH	Nebelung									
FH	Nebelung									
FH	Nebelung									
FH	Gutkind?							S. 38 u.		
FH	Gutkind?							S. 38 o.		
G	Migge									S. 37
G	Migge			S. 145, Abb. 202						
G	Migge									
G	Migge									
G	Migge									

Neuzeitliche/aktuelle Literatur 2000 bis 2013

Motiv	Fotograf/ Gestalter/ Verlag	Staaken 2000	Katamon 2000	Güttler 2002	Baumann 2002	Exposé 2007	Teufel 2008	Mühl 2010	Haney 2010
DH	Willy Scholz?		S. 10, Abb. 2	S. 144, Abb. 293*			S. 5, Abb. 3 + 4		
DH	Willy Scholz?		S. 10, Abb. 1	S. 144, Abb. 292			S. 4, Abb. 2		
DH	k. A.						S. 5, Abb. 6		
DH	k. A.						S. 5, Abb. 5		
DH	k. A.						Deckblatt und S. 4, Abb. 1		
DH	Hagemann, Otto								
DH	k. A.					Einband und S. 13			
DH	O. Streich							S. 35 u.	
DH	J. L. R.								
DH	Gutkind?			S. 145, Abb. 294					
DH	Hagemann, Otto				S. 223, Abb. 80		S. 7, Abb. 7		
DH	Hagemann, Otto								
DH	Hagemann, Otto								
DH	k. A.								
DH	k.A.								
DH	Nebelung								
S	k. A.	S. 95 o.							
S	k.A.								
Motiv	Fotograf/ Gestalter/ Verlag	Staaken	Katamon	Güttler	Baumann	Exposé	Teufel	Mühl	Haney

		2000	2000	2002	2002	2007	2008	2010	2010
S	k.A.								
S	k.A.								
DH	k. A.								
DH	k. A.						S. 7, Abb. 8		
DH	k. A.								
FH	Willy Scholz?		S. 12, Abb. 4 und S. 227 Abb. 166						
FH	Nebelung								
FH	Hagemann, Otto		S. 227, Abb. 167 1935?						
FH	Nebelung								
FH	Nebelung								
FH	Nebelung								
FH	Nebelung								
FH	Gutkind?		S. 226 u.						
FH	Gutkind?		S. 226 o.						
G	Migge				S. 160, Abb. 51				S. 158, Fig. 3.2
G	Migge				S. 223, Abb. 79				S. 158, Fig. 3.3
G	Migge				S. 222, Abb. 78				
G	Migge								
G	Migge								

16.2 Anlage 2   Chronologie der Aufgaben und Tätigkeiten in den Behörden

	1917									1918											
	Apr	Mai	Jun	Jul	Aug	Sep	Okt	Nov	Dez	Jan	Feb	Mrz	Apr	Mai	Jun	Jul	Aug	Sep	Okt	Nov	Dez

Ministerium: Reichs-Kriegsministerium (05?) 06/1917 bis 12/1918

Aufgabe: Einrichtung kunstgewerblicher Werkstätten in Berliner Lazaretten

Ministerium: Demobilisierungsministerium (1) 01/1919 bis 04/1919

Mitglied in: Planungsberater (2)

Ministerium: Reichsarbeitsministerium

Behörde: Reichskommissariat f. d. Wohnungswesen 04/1919 bis 03/1920

Aufgabe: Baugewerbl. Fragen und Baustoffe

Mitglied in: Forschungsstelle für den wirtschaftlichen Baubetrieb

Mitglied in: 2. Sozialisierungskommission (3)

Ministerium: Preußisches Ministerium für Volkswohlfahrt 04/1920 bis 06/1921 (2)

Mitglied in: 2. Sozialisierungskommission (3)

Aufgabe: Siedlungswesen und Stadtplanung

Bewerbung: Deputation für das Siedlungs- und Wohnungswesen 07/1921

	1919												1920											
	Jan	Feb	Mrz	Apr	Mai	Jun	Jul	Aug	Sep	Okt	Nov	Dez	Jan	Feb	Mrz	Apr	Mai	Jun	Jul	Aug	Sep	Okt	Nov	Dez

Ministerium — Reichs-Kriegsministerium (052) 06/1917 bis 12/1918
Aufgabe — Einrichtung kunstgewerblicher Werkstätten in Berliner Lazaretten

Ministerium — Demobilisierungsministerium (1) 01/1919 bis 04/1919
Mitglied in — Planungsberater (2)

(4)

Ministerium — Reichsarbeitsministerium
Behörde — Reichskommissariat f. d. Wohnungswesen 04/1919 bis 03/1920
Aufgabe — Baugewerbl. Fragen und Baustoffe
Mitglied in — Forschungsstelle für den wirtschaftlichen Baubetrieb
Mitglied in — 2. Sozialisierungskommission (3)

Ministerium — Preußisches Ministerium für Volkswohlfahrt 04/1920 bis 06/1921 (?)
Mitglied in — 2. Sozialisierungskommission (3)
Aufgabe — Siedlungswesen und Stadtplanung

Bewerbung — Deputation für das Siedlungs- und Wohnungswesen 07/1921

148

		1921	Jan	Feb	Mrz	Apr	Mai	Jun	Jul	Aug
Ministerium	**Reichs-Kriegsministerium (052?) 06/1917 bis 12/1918**									
Aufgabe	Einrichtung kunstgewerblicher Werkstätten in Berliner Lazaretten									
Ministerium	**Demobilisierungsministerium (1) 01/1919 bis 04/1919**									
Mitglied in	Planungsberater (2)									
Ministerium	**Reichsarbeitsministerium**									
Behörde	**Reichskommissariat f. d. Wohnungswesen 04/1919 bis 03/1920**									
Aufgabe	Baugewerbl. Fragen und Baustoffe									
Mitglied in	Forschungsstelle für den wirtschaftlichen Baubetrieb									
Mitglied in	2. Sozialisierungskommission (3)									
Ministerium	**Preußisches Ministerium für Volkswohlfahrt 04/1920 bis 06/1921 (?)**									
Mitglied in	2. Sozialisierungskommission (3)									
Aufgabe	Siedlungswesen und Stadtplanung									
Bewerbung	**Deputation für das Siedlungs- und Wohnungswesen 07/1921**									

Vergleich der Grundrisse 1926 und 2008

	Gesamtfläche	Bezeichnung	Fläche in m2	Länge	Breite	Raumhöhe	Bezeichnung	Fläche in m2	Länge	Breite	Raumhöhe	Bezeichnung	Fläche in m2	Länge	Breite	Raumhöhe
Kellergeschoß/ Untergeschoß 3PO	38,10	U.01	14,80	4,62	3,35	1,94	U.02	13,70	4,10	3,35	1,96	U.03	8,40	4,10	2,05	1,95
Erdgeschoß 3PO	51,40	0.01 Wohnen/ Essen	15,60	4,70	3,38	2,54	0.02 Wohnen	14,50	4,30	3,38	2,54	0.06 Treppen- haus	6,30	4,12	2,20	2,53
Erdgeschoß Gutkind	k.A	Küche	11,73 (16,9)	4,69	2,5 (3,6)	k.A	Zimmer	10,75 (15,48)	4,30	2,5 (3,6)	k.A	k.A	k.A	k.A	k.A	k.A
1. Obergeschoß 3PO	40,00	1.01	15,70	4,72	3,38	2,56	1.02	14,50	4,30	3,38	2,58	1.04	8,40	4,12	2,20	2,58
1. Obergeschoß Gutkind	k.A	Zimmer	11,73 (16,9)	4,69	2,5 (3,6)	k.A	Zimmer	10,75 (15,48)	4,30	2,5 (3,6)	k.A	k.A.	k.A	k.A	k.A	k.A
2. Obergeschoß 3PO	38,01	2.01	16,06	4,87	3,47	2,36	2.02 / 2.03	4,60 / 10,30	4,38 / —	3,47 / 3,47	1,88 / 2,36	2.04	6,60	4,29	2,20	0,97 bis 1,07

2.04 umfasst 1.04 und 1.03; dunkelgrau= unbebaute Bereiche, hellgrau= Angaben von Erwin Gutkind

	Kellergeschoß / Untergeschoß 3PO	Erdgeschoß 3PO	Erdgeschoß Gutkind	1. Obergeschoß 3PO	1. Obergeschoß Gutkind	2. Obergeschoß 3PO
Bezeichnung		0.04 WC	k.A			
Fläche in m2		1,00	k.A			
Länge		1,20	k.A			
Breite		0,8	k.A			
Raumhöhe		2,5	k.A			
Bezeichnung		0.03 Küche	Stall und Kammer			
Fläche in m2		12,70	k.A			
Länge		4,33	4,55			
Breite		2,88	k.A			
Raumhöhe		2,72	k.A			
Bezeichnung	U.04	0.05 Vorraum/Flur	k.A	1.03	k.A	zu 2.04
Fläche in m2	1,20	1,30	k.A	1,40	k.A	
Länge	1,13	1,20	k.A	1,29	k.A	
Breite	0,98	1,06	k.A	1,04	k.A	
Raumhöhe	1,94	2,20	k.A	2,58	k.A	

16.4 Anlage 4   Übersicht der Farbgestaltungen der Fassade bis 1937

Bauteil	LF 1: Fassung 1 (1924)	LF 2: Fassung 2 (Mitte-Ende 20er?)	LF 3: Fassung 3 (vor 1936?)	LF 4: Fassung 4 (1936?)
Klinkerbereiche	Rotbraun-mittel, entspricht ca. Farbton KEIM 9122			-.-
Fugenmörtel der Klinker	Ocker-gräulich, entspricht ca. Farbton KEIM 9253			-.-
Farbfassung des Putzes im Erdgeschoss	Grau-hell, KEIM 9494 (Variante mit wärmerem Grau) oder: Grau-hell, KEIM 9493 (Variante mit kühlerem Grau)			-.-
Farbfassung auf Neuputz (gesamtes Haus)				Rosé-hell (warm), KEIM 9135
Sockelplatten	Grau-grünlich-hell, KEIM 9310 (Farbe und Oberfläche wie Zementpulver)			
Fugen (gemalt) auf Sockelplatten	Weiß-gräulich, KEIM 9341			
Kantenschutzschienen an Laibungskantender Eingangstüren	VA: weiß, NCS S 0603-G80Y 1/22 DA: ocker-mittel, NCS S 3030-Y2OR 5/60	DA, grau-mittel, S 2502-R 5/8	Grün-gräulich-mittel NCS S 3030-G40Y 6/19	Braun-rötlich-mittel NCS S 6030-Y80R 1/122
Farbfassung der rückspringenden Eingangstürrahmung und vermutl. Verputzte Ecken zw. Den Fassaden-Eckfenstern	Ocker-mittel, KEIM 9066 (dunkle Variante), oder: Ocker-hell, KEIM 9069 (hellere Variante)	? möglicherweise wie Kantenschutzschiene?	? möglicherweise wie Kantenschutzschiene?	Rosé-hell (warm), KEIM 9135
Hauseingangstür	DA, braun-rötlich-mittel, NCS S 4040-Y90R 9/66 (entspricht Farbton der Klinker)		Grün-gräulich-mittel NCS S 3030-G40Y 6/19	Braun-rötlich-mittel NCS S 6030-Y80R 1/122
Gartenseitige Eingangstür	DA dünn, grau-mittel, NCS S 3005-B20G 4/17	DA, blau-grünlich-dunkel NCS S 630-R90B 2/163	DA, orangerot-bräunlich-mittel, NCS S 4050-Y7OR 10/67	Braun-rötlich-mittel NCS S 6030-Y80R 1/122
Fenster: Flügel	DA dünn, grau-mittel, NCS S 3005-B20G 4/17	DA, weiß-gräulich, NSC S 0500-N 2/1	DA, weiß-gräulich, NSC S 0500-N 2/1	
Fenster: Rahmen	DA dünn, grau-mittel, NCS S 3005-B20G 4/17	DA, weiß-gräulich, NSC S 0500-N 2/1	DA, weiß-gräulich, NSC S 0500-N 2/1	Braun-rötlich-mittel NCS S 6030-Y80R 1/122
Fenster: Blendrahmen	DA dünn, grau-mittel, NCS S 3005-B20G 4/17	DA, blau-grünlich-dunkel NCS S 630-R90B 2/163	DA, orangerot-bräunlich-mittel, NCS S 4050-Y7OR 10/67	Braun-rötlich-mittel NCS S 6030-Y80R 1/122
Fenster: Zinkabdeckung			DA, orangerot-bräunlich-mittel, NCS S 4050-Y7OR 10/67	Braun-rötlich-mittel NCS S 6030-Y80R 1/122

16.5 Anlage 5   Analyse des Bauzustands 2000

			ohne Sprossung		nicht vorhanden		erneuert, verändert		zurück-gesetzt		zusätzliches Fenster	
			Anzahl	%	Anzahl	%	Anzahl	%	Anzahl	%	Anzahl	%
1	VA	Fenster 1	31	74			31	74	26	62		
2	VA	Fenster 2	29	69			5	12	2	5		
3	VA	Fenster 3	38	90			2	5	2	5		
4	VA	Fenster 4	31	74			4	10	2	5		
5	VA	Fenster 5	41	98			2	5	2	5		
6	VA	Fenster 6	28	67			2	5	3	7		
7	VA	Fenster über Nr. 2									5	12
8	VA	Anbau									19	45
9	VA	Eingangs-bereich										
10	VA	Eingangstür										
11	VA	Freitreppe										
12	VA	Wangen			6	14						
13	SA	Fenster 7			29	69						
14	SA	Fenster 8	25	60	3	7						
15	SA	Fenster 9	26	62			7	17		0		
16	SA	Fenster im 2. OG									6	14
17	SA	Schornstein										
18	SA	Anbau-fassade										
19	SA	Anbau									5	12
20	SA	Tür			42	100					4	10
21	RA	Fenster 10	27	64	1	2	3	7				
22	RA	Fenster 11	8	19	25	60	6	14				
23	RA	Fenster 12	17	40	17	40	13	31				
24	RA	Fenster 13	25	60	9	21	1	2				
25	RA	Fenster 14	36	86			4	10	1	2		
26	RA	Fenster 15	18	43	2	5						
27	RA	Fenster über Nr. 10									38	90
28	RA	Fenster neben Nr. 10									40	95
29	RA	Fenster über Nr. 10									3	7
30	RA	Tür			10	24						
31	RA	Anbau										

#			Überdachung Eingang		Windfang Eingang		Kellertreppe vorne		Holz mit Glaseinsatz		Treppenwangen abgedeckt	
			Anzahl	%	Anzahl	%	Anzahl	%	Anzahl	%	Anzahl	%
1	VA	Fenster 1										
2	VA	Fenster 2										
3	VA	Fenster 3										
4	VA	Fenster 4										
5	VA	Fenster 5										
6	VA	Fenster 6										
7	VA	Fenster über Nr. 2										
8	VA	Anbau										
9	VA	Eingangsbereich	14	33	11	26			11	26		
10	VA	Eingangstür									14	33
11	VA	Freitreppe										
12	VA	Wangen					23	23				
13	SA	Fenster 7										
14	SA	Fenster 8										
15	SA	Fenster 9										
16	SA	Fenster im 2. OG										
17	SA	Schornstein										
18	SA	Anbaufassade										
19	SA	Anbau										
20	SA	Tür										
21	RA	Fenster 10										
22	RA	Fenster 11										
23	RA	Fenster 12										
24	RA	Fenster 13										
25	RA	Fenster 14										
26	RA	Fenster 15										
27	RA	Fenster über Nr. 10										
28	RA	Fenster neben Nr. 10										
29	RA	Fenster über Nr. 10										
30	RA	Tür										
31	RA	Anbau										

			Nische vorhanden		Schornstein am Anbau		Leiter/ Steigeisen		zusätzlicher Anbau		ohne Beanstandung	
			Anzahl	%	Anzahl	%	Anzahl	%	Anzahl	%	Anzahl	%
1	VA	Fenster 1									34	81
2	VA	Fenster 2									29	69
3	VA	Fenster 3									38	90
4	VA	Fenster 4									32	76
5	VA	Fenster 5									41	98
6	VA	Fenster 6									40	95
7	VA	Fenster über Nr. 2									5	12
8	VA	Anbau									19	45
9	VA	Eingangs- bereich									15	36
10	VA	Eingangst ür									42	100
11	VA	Freitreppe										
12	VA	Wangen									42	100
13	SA	Fenster 7									29	69
14	SA	Fenster 8									28	67
15	SA	Fenster 9									28	67
16	SA	Fenster im 2. OG									6	14
17	SA	Schornste in			37	88					37	88
18	SA	Anbau- fassade					33	79			33	79
19	SA	Anbau							17	40	20	48
20	SA	Tür	2	5							42	100
21	RA	Fenster 10									27	64
22	RA	Fenster 11									39	93
23	RA	Fenster 12									39	93
24	RA	Fenster 13									34	81
25	RA	Fenster 14									38	90
26	RA	Fenster 15									42	100
27	RA	Fenster über Nr. 10									38	90
28	RA	Fenster neben Nr. 10									40	95
29	RA	Fenster über Nr. 10									3	7
30	RA	Tür									10	24
31	RA	Anbau							10	24	10	24

16.6 Anlage 6   Eigentümer und Verwalter 1926 bis 1943

	1927		1928		1929		1930		1931		1932	
1	WH	FS	DGG	DVS	DGG	DVS	DGG	U	DVS	DGG	DGG	SO
2	H,E	--	DGG	DVS	DGG	DVS	DGG	U	DVS	DGG	DGG	SO
3	WH	DVS	DGG	DVS	DGG	DVS	DGG	U	DVS	DGG	DGG	SO
4	WH	DVS	DGG	DVS	DGG	DVS	DGG	U	DVS	DGG	DGG	SO
5	WH	DVS	DGG	DVS	DGG	DVS	DGG	U	DVS	DGG	DGG	SO
6	WH	--	DGG	DVS	DGG	DVS	DGG	U	DVS	DGG	DGG	SO
7	WH	DVS	DGG	DVS	DGG	DVS	DGG	U	DVS	DGG	DGG	SO
8	WH	--	DGG	DVS	DGG	DVS	DGG	U	DVS	DGG	DGG	SO
9	WH	--	DGG	DVS	DGG	DVS	DGG	U	DVS	DGG	DGG	SO
10	WH	--	DGG	DVS	DGG	DVS	DGG	DVS	DVS	DGG	DGG	SO
11	SF	--	DGG	DVS	DGG	DVS	DGG	DVS	DVS	DGG	DGG	SO
12	WH	--	DGG	DVS	DGG	DVS	DGG	U	DVS	DGG	DGG	SO
13	WH	--	DGG	DVS	DGG	DVS	DGG	U	DVS	DGG	DGG	SO
14	WH	--	DGG	DVS	DGG	DVS	DGG	U	DVS	DGG	DGG	SO
15	WH	--	DGG	DVS	DGG	DVS	DGG	U	DVS	DGG	DGG	SO
16	WH	--	DGG	DVS	DGG	DVS	DGG	U	DVS	DGG	DGG	SO
17			DGG	DVS	DGG	DVS	DGG	U	DVS	DGG	DGG	SO
18			DGG	DVS	DGG	DVS	DGG	U	DVS	DGG	DGG	SO
19			DGG	DVS	DGG	DVS	DGG	U	DVS	DGG	DGG	SO
20			DGG	DVS	DGG	DVS	DGG	U	DVS	DGG	DGG	SO
21			DGG	DVS	DGG	DVS	DGG	DVS	DVS	DGG	DGG	SO
22			DGG	DVS	DGG	DVS	DGG	DVS	DVS	DGG	DGG	SO
23			DGG	DVS	DGG	DVS	DGG	U	DVS	DGG	DGG	SO
24			DGG	DVS	DGG	DVS	DGG	U	DVS	DGG	DGG	SO
25			DGG	DVS	DGG	DVS	DGG	U	DVS	DGG	DGG	SO
26			DGG	DVS	DGG	DVS	DGG	U	DVS	DGG	DGG	SO
26 a												
27			DeWog	DeWog	DeWog	DeWog	DeWog	--	--	?	?	--
28			DeWog	DeWog	DeWog	DeWog	DeWog	--	--	?	?	--
29			DeWog	DeWog	DeWog	DeWog	DeWog	U	--	?	?	--
30			DeWog	DeWog	DeWog	DeWog	DeWog	U	--	?	?	--
31			DGG	DVS	DGG	DVS	DGG	DVS	DVS	DGG	DGG	SO
32			DGG	DVS	DGG	DVS	DGG	DVS	DVS	DGG	DGG	SO
33			DGG	DVS	DGG	DVS	DGG	U	DVS	DGG	DGG	SO
34			DGG	DVS	DGG	DVS	DGG	U	DVS	DGG	DGG	SO
35			DeWog	DeWog	DeWog	DeWog	DeWog	DeWog	--	?	?	--
36			DeWog	DeWog	DeWog	DeWog	DeWog	DeWog	--	?	?	--
37			DeWog	DeWog	DeWog	DeWog	DeWog	U	--	?	?	--
38			DeWog	DeWog	DeWog	DeWog	DeWog	U	U	?	?	U
38 a												
39			DeWog	U	DeWog	DeWog	DeWog	U	U	?	?	U
40			DeWog	U	DeWog	DeWog	DeWog	U	U	?	?	U
41			DeWog	U	DeWog	DeWog	DeWog	U	U	?	?	U
42			DeWog	U	DeWog	DeWog	DeWog	U	U	?	?	U
43			DeWog	U	DeWog	DeWog	DeWog	U	U	?	?	U
44			DeWog	U	DeWog	U	DeWog	U	U	?	?	U

	1933		1934		1935		1936		1937		1938	
1	DGG	Einfa	DGG	Einfa	DGG	Einfa	DGG	Einfa	DGG	Einfa	DGG	Einfa
2	DGG	Einfa	DGG	Einfa	DGG	Einfa	DGG	Einfa	DGG	Einfa	DGG	Einfa
3	DGG	Einfa	DGG	Einfa	DGG	Einfa	DGG	Einfa	DGG	Einfa	DGG	Einfa
4	DGG	Einfa	DGG	Einfa	DGG	Einfa	DGG	Einfa	DGG	Einfa	DGG	Einfa
5	DGG	Einfa	DGG	Einfa	DGG	Einfa	DGG	Einfa	DGG	Einfa	DGG	Einfa
6	DGG	U	DGG	Einfa	DGG	Einfa	DGG	U	DGG	Einfa	DGG	Einfa
7	DGG	U	DGG	Einfa	DGG	Einfa	DGG	U	DGG	Einfa	DGG	Einfa
8	DGG	U	DGG	Einfa	DGG	Einfa	DGG	U	DGG	Einfa	DGG	Einfa
9	DGG	U	DGG	Einfa	DGG	Einfa	DGG	U	DGG	Einfa	DGG	Einfa
10	DGG	Einfa	DGG	Einfa	DGG	Einfa	DGG	Einfa	DGG	Einfa	DGG	Einfa
11	DGG	Einfa	DGG	Einfa	DGG	Einfa	DGG	Einfa	DGG	Einfa	DGG	Einfa
12	DGG	Einfa	DGG	Einfa	DGG	Einfa	DGG	Einfa	DGG	Einfa	DGG	Einfa
13	DGG	Einfa	DGG	Einfa	DGG	Einfa	DGG	Einfa	DGG	Einfa	DGG	Einfa
14	DGG	Einfa	DGG	Einfa	DGG	Einfa	DGG	Einfa	DGG	Einfa	DGG	Einfa
15	DGG	Einfa	DGG	Einfa	DGG	Einfa	DGG	Einfa	DGG	Einfa	DGG	Einfa
16	DGG	Einfa	DGG	Einfa	DGG	Einfa	DGG	Einfa	DGG	Einfa	DGG	Einfa
17	DGG	Einfa	DGG	Einfa	DGG	Einfa	DGG	Einfa	DGG	Einfa	DGG	Einfa
18	DGG	Einfa	DGG	Einfa	DGG	Einfa	DGG	Einfa	DGG	Einfa	DGG	Einfa
19	DGG	Einfa	DGG	Einfa	DGG	Einfa	DGG	Einfa	DGG	Einfa	DGG	Einfa
20	DGG	Einfa	DGG	Einfa	DGG	Einfa	DGG	Einfa	DGG	Einfa	DGG	Einfa
21	DGG	Einfa	DGG	Einfa	DGG	Einfa	DGG	Einfa	DGG	Einfa	DGG	Einfa
22	DGG	Einfa	DGG	Einfa	DGG	Einfa	DGG	Einfa	DGG	Einfa	DGG	Einfa
23	DGG	Einfa	DGG	Einfa	DGG	Einfa	DGG	Einfa	DGG	Einfa	DGG	Einfa
24	DGG	Einfa	DGG	Einfa	DGG	Einfa	DGG	Einfa	DGG	Einfa	DGG	Einfa
25	DGG	Einfa	DGG	Einfa	DGG	Einfa	DGG	Einfa	DGG	Einfa	DGG	Einfa
26	DGG	Einfa	DGG	Einfa	DGG	Einfa	DGG	Einfa	DGG	Einfa	DGG	Einfa
26 a												
27	?	Einfa	?	Einfa	DGG	Einfa	?	Einfa	?	Einfa	DGG	Einfa
28	?	Einfa	?	Einfa	DGG	Einfa	?	Einfa	?	Einfa	DGG	Einfa
29	?	Einfa	?	Einfa	DGG	Einfa	?	Einfa	?	Einfa	DGG	Einfa
30	?	Einfa	?	Einfa	DGG	Einfa	?	Einfa	?	Einfa	DGG	Einfa
31	DGG	Einfa	DGG	Einfa	DGG	Einfa	DGG	Einfa	DGG	Einfa	DGG	Einfa
32	DGG	Einfa	DGG	Einfa	DGG	Einfa	DGG	Einfa	DGG	Einfa	DGG	Einfa
33	DGG	Einfa	DGG	Einfa	DGG	Einfa	DGG	Einfa	DGG	Einfa	DGG	Einfa
34	DGG	Einfa	DGG	Einfa	DGG	Einfa	DGG	Einfa	DGG	Einfa	DGG	Einfa
35	?	Einfa	?	Einfa	DGG	Einfa	?	Einfa	?	Einfa	DGG	Einfa
36	?	Einfa	?	Einfa	DGG	Einfa	?	Einfa	?	Einfa	DGG	Einfa
37	?	Einfa	?	Einfa	DGG	Einfa	?	Einfa	?	Einfa	DGG	Einfa
38	?	Einfa	?	Einfa	DGG	Einfa	?	Einfa	?	Einfa	DGG	Einfa
38 a	?	U	?	Einfa	DGG	Einfa	?	U	?	Einfa	DGG	Einfa
39	?	Einfa	?	Einfa	DGG	Einfa	?	Einfa	?	Einfa	DGG	Einfa
40	?	Einfa	?	Einfa	DGG	Einfa	?	Einfa	?	Einfa	DGG	Einfa
41	?	Einfa	?	Einfa	DGG	Einfa	?	Einfa	?	Einfa	DGG	Einfa
42	?	Einfa	?	Einfa	DGG	Einfa	?	Einfa	?	Einfa	DGG	Einfa
43												
44												

	1938		1939		1940		1941		1942		1943	
1	DGG	Einfa	DGG	Einfa	DGG	Einfa	DGG	Einfa	DGG	Einfa	DGG	Einfa
2	DGG	Einfa	DGG	Einfa	DGG	Einfa	DGG	Einfa	DGG	Einfa	DGG	Einfa
3	DGG	Einfa	DGG	Einfa	DGG	Einfa	DGG	Einfa	DGG	Einfa	DGG	Einfa
4	DGG	Einfa	DGG	Einfa	DGG	Einfa	DGG	Einfa	DGG	Einfa	DGG	Einfa
5	DGG	Einfa	DGG	Einfa	DGG	Einfa	DGG	Einfa	DGG	Einfa	DGG	Einfa
6	DGG	Einfa	DGG	Einfa	DGG	Einfa	DGG	Einfa	DGG	Einfa	DGG	Einfa
7	DGG	Einfa	DGG	Einfa	DGG	Einfa	DGG	Einfa	DGG	Einfa	DGG	Einfa
8	DGG	Einfa	DGG	Einfa	DGG	Einfa	DGG	Einfa	DGG	Einfa	DGG	Einfa
9	DGG	Einfa	DGG	Einfa	DGG	Einfa	DGG	Einfa	DGG	Einfa	DGG	Einfa
10	DGG	Einfa	DGG	Einfa	DGG	Einfa	DGG	Einfa	DGG	Einfa	DGG	Einfa
11	DGG	Einfa	DGG	Einfa	DGG	Einfa	DGG	Einfa	DGG	Einfa	DGG	Einfa
12	DGG	Einfa	DGG	Einfa	DGG	Einfa	DGG	Einfa	DGG	Einfa	DGG	Einfa
13	DGG	Einfa	DGG	Einfa	DGG	Einfa	DGG	Einfa	DGG	Einfa	DGG	Einfa
14	DGG	Einfa	DGG	Einfa	DGG	Einfa	DGG	Einfa	DGG	Einfa	DGG	Einfa
15	DGG	Einfa	DGG	Einfa	DGG	Einfa	DGG	Einfa	DGG	Einfa	DGG	Einfa
16	DGG	Einfa	DGG	Einfa	DGG	Einfa	DGG	Einfa	DGG	Einfa	DGG	Einfa
17	DGG	Einfa	DGG	Einfa	DGG	Einfa	DGG	Einfa	DGG	Einfa	DGG	Einfa
18	DGG	Einfa	DGG	Einfa	DGG	Einfa	DGG	Einfa	DGG	Einfa	DGG	Einfa
19	DGG	Einfa	DGG	Einfa	DGG	Einfa	DGG	Einfa	DGG	Einfa	DGG	Einfa
20	DGG	Einfa	DGG	Einfa	DGG	Einfa	DGG	Einfa	DGG	Einfa	DGG	Einfa
21	DGG	Einfa	DGG	Einfa	DGG	Einfa	DGG	Einfa	DGG	Einfa	DGG	Einfa
22	DGG	Einfa	DGG	Einfa	DGG	Einfa	DGG	Einfa	DGG	Einfa	DGG	Einfa
23	DGG	Einfa	DGG	Einfa	DGG	Einfa	DGG	Einfa	DGG	Einfa	DGG	Einfa
24	DGG	Einfa	DGG	Einfa	DGG	Einfa	DGG	Einfa	DGG	Einfa	DGG	Einfa
25	DGG	Einfa	DGG	Einfa	DGG	Einfa	DGG	Einfa	DGG	Einfa	DGG	Einfa
26	DGG	Einfa	DGG	Einfa	DGG	Einfa	DGG	Einfa	DGG	Einfa	DGG	Einfa
26 a			DGG	Einfa							DGG	Einfa
27	DGG	Einfa	DGG	Einfa	DGG	Einfa	DGG	Einfa	DGG	Einfa	DGG	Einfa
28	DGG	Einfa	DGG	Einfa	DGG	Einfa	DGG	Einfa	DGG	Einfa	DGG	Einfa
29	DGG	Einfa	DGG	Einfa	DGG	Einfa	DGG	Einfa	DGG	Einfa	DGG	Einfa
30	DGG	Einfa	DGG	Einfa	DGG	Einfa	DGG	Einfa	DGG	Einfa	DGG	Einfa
31	DGG	Einfa	DGG	Einfa	DGG	Einfa	DGG	Einfa	DGG	Einfa	DGG	Einfa
32	DGG	Einfa	DGG	Einfa	DGG	Einfa	DGG	Einfa	DGG	Einfa	DGG	Einfa
33	DGG	Einfa	DGG	Einfa	DGG	Einfa	DGG	Einfa	DGG	Einfa	DGG	Einfa
34	DGG	Einfa	DGG	Einfa	DGG	Einfa	DGG	Einfa	DGG	Einfa	DGG	Einfa
35	DGG	Einfa	DGG	Einfa	DGG	Einfa	DGG	Einfa	DGG	Einfa	DGG	Einfa
36	DGG	Einfa	DGG	Einfa	DGG	Einfa	DGG	Einfa	DGG	Einfa	DGG	Einfa
37	DGG	Einfa	DGG	Einfa	DGG	Einfa	DGG	Einfa	DGG	Einfa	DGG	Einfa
38	DGG	Einfa	DGG	Einfa	DGG	Einfa	DGG	Einfa	DGG	Einfa	DGG	Einfa
38 a	DGG	Einfa	DGG	Einfa	DGG	Einfa	DGG	Einfa	DGG	Einfa	DGG	Einfa
39	DGG	Einfa	DGG	Einfa	DGG	Einfa	DGG	Einfa	DGG	Einfa	DGG	Einfa
40	DGG	Einfa	DGG	Einfa	DGG	Einfa	DGG	Einfa	DGG	Einfa	DGG	Einfa
41	DGG	Einfa	DGG	Einfa	DGG	Einfa	DGG	Einfa	DGG	Einfa	DGG	Einfa
42	DGG	Einfa	DGG	Einfa	DGG	Einfa	DGG	Einfa	DGG	Einfa	DGG	Einfa
43												
44												

DGG = Deutsche Gartenstadtgesellschaft (Berlin), ab 1934 Bauabteilung der Deutschen Gartenstadtgesellschaft m.b.H. (SO 36, Köpenicker Str. 80-82), ab 1935 (Britz)

DVS Deutsche Verkehrsfliegerschule G.m.b.H., Zweigstelle Staaken

DeWoge Deutsche Wohnungsfürsorge Groß-Berlin (Berlin)

HE Humpert, E. (Gastwirt) **SF** Sportflug Gm.b.H. (Berlin)

SO Scholz, O.

Einfa Berliner Gesellschaft zur Förderung des Einfamilienhauses

FS Flugsportschule Staaken G.m.b.H.

U Unbewohnt **WH** Wilmersdorfer Hochbau-Gesellschaft (Steglitz)

Adressbuch erstellt	1925	1926	1927	1928	1929
Adressbuch Ausgabe von	1926	1927	1928	1929	1930
1 - 2	Baustellen	Bengsch, R. Flugzeugwart Fruhner, O., Fluglehrer 2 Humpert, E., Gastwirt (Eigentümer) v. Manteuffel, E. R. Flugzeugführer	DVS	Baerwolf, C. Monteuer Vetter, G., Monteur	Unbewohnt
3 - 4	Baustellen	Bahrt, K., Flugzeugwart Schmidt, F. Flugzeugwart Spinlder, W. Flugzeugwart Vetter, G., Flugzeugwart 4 Schmolinske, O., Funklehrer Scholz, O. Ing. Siehlhaus, J., Flugzeugwart	Böhm, W., Flugzeugwart Kahlau, P., Flugzeugwart Walter, Cl., Werkmstr.	Böhm, W., Flugzeugwart Claus, W., Werkmstr. Kahlau, P., Flugzeugwart	Unbewohnt
5 - 6	Baustellen	Böhm, W., Flugzeugwart Hoffmann, O., Kaufmann Jordan, Buchalt. Kahlau, P., Flugzeugwart 6 Schubert, A. Flugzeugwart Meichard, R. Kfm. Steindorf, H., Chefpilot	Gelhaus, I., Flugzeugwart Scholtz, O., Ing. Vollmer, W. Flugzeugwart	Gelhaus, I., Flugzeugwart Scholtz, O., Ing. Vollmer, W. Flugzeugwart	Unbewohnt
7 - 8	Baustellen	unbewohnt	Barth, K., Flugzeugwart Schmidt, W., Spleißer Spindler, W., Mechaniker Vetter, G. Flugzeugwart	Barth, K., Flugzeugwart Schmidt, W., Spleißer Spindler, W., Mechaniker	Unbewohnt
9 - 10	Baustellen	unbewohnt	Richnow, W., Gastwirt	Hartwig, W., Werkmstr.	Hartwig, Grete, Gastw. Hatrwig, W., Werkmstr.
11 - 12	Baustellen	Bauer, A. Ingenieur Kindervater, H., Werkstattmeister 12 Neubau	Fruhner, O., Fluglehr. Reimann, H., Flugzeugwart	Fruhner, O., Fluglehr. Reimann, H., Flugzeugwart	Unbewohnt

Adressbuch erstellt	1925	1926	1927	1928	1929
Adressbuch Ausgabe von	1926	1927	1928	1929	1930
13 - 14 14 neu ab 1934: Nennhauser Damm 159	Baustellen	Neubauten	Von Flugschülern bewohnt	Kiffner, E., Ingen.	Unbewohnt
15 - 16 neu ab 1933: Nennhauser Damm 161 - 163	Baustellen	Neubauten	Böhm, M., Werkmstr. Gräffel, G., Lagerverw. Kaula, B. Frau Wasgien, K. Flugzeugwart	Böhm, M., Werkmstr. Gräffel, G., Lagerverw. Kaula, B. Frau Wasgien, K. Flugzeugwart	Unbewohnt
17 - 18 neu ab 1934: Nennhauser Damm 165 - 167	Baustellen		Meyer-Schäfer, G., Funklehrer	Frommherz, H. Flugleit.	Unbewohnt
19 - 20 neu ab 1934: Nennhauser Damm 169 - 171	Baustellen		Von Flugschülern bewohnt	Krüger, Werkmstr.	Unbewohnt
21 - 22 neu ab 1934: Nennhauser Damm 173 - 175	Baustellen		Schlegelmilch, K., Flugzeugwart	Schlegelmilch, K., Flugzeugwart	Benz, Fluglehr.
23 - 24	Baustellen		Von Flugschülern bewohnt	Von Flugschülern bewohnt	Unbewohnt
25 - 26	Baustellen		Bauer, A. Flugzeugführ. Kindvater, H., Werkmstr.	Ehrler, A., Funkmstr. Kindvater, H., Werkmstr. Schmidt, G. Flugzeugmont.	Unbewohnt
26 a	Baustellen				
27 - 28	Baustellen		Unbewohnt	Brecher, A. Kunstmal. Kahl, H., Ingen.	Bröcher, A. Kunstmal. Kehl, H., Ingen.
29 - 30	Baustellen		Unbewohnt	Rotzoll, H., Dr. Meteorologe	Unbewohnt
31 - 32	Baustellen		Keller, A., Major a. D.	Keller, A., Major a. D.	Unbewohnt
33 - 34	Baustellen		Gerick, G., Fluglehr. Steindorf, H., Fluglehr.	Gerick, G., Fluglehr. Steindorf, H., Fluglehr.	Unbewohnt
35 - 36	Baustellen		Müller, M., Ingen.	Prinz, K., Kfm.	Müller, W., Dipl. Ing. Prinz, K., Kfm.

Adressbuch erstellt	1925	1926	1927	1928	1929
Adressbuch Ausgabe von	1926	1927	1928	1929	1930
37 - 38	Baustellen		Cranz, E., Kap. Ltn. a. D.	Cranz, W., Kfm. Gosslau, O., Dipl. Ing.	Unbewohnt
38 a	Baustellen				
39 - 40	Baustellen		Unbewohnt	Eichinger, H., Kfm. Reich, H., Maler	Unbewohnt
41 - 42	Baustellen		Unbewohnt	Schüttel, T., Journalist Theile, M., Ww.	Unbewohnt

Adressbuch erstellt	1931	1932	1933	1934	1935
Adressbuch Ausgabe von	1932	1933	1934	1935	1936
1 - 2	Radecke, R., Klempn. Scheffer, G. Dreher Zergiebel, A., Fleischer	Radecke, R., Klempn. Scheffer, G. Dreher Stillich, H. Mechanik. Zergiebel, A., Fleischer	Radecke, R., Klempn. Scheeffer, G. Dreher Scheibe, H., Bereit. Zergiebel, A., Hilfsmonteur	Anders, A., Kasernenwärt. Dittmann, E., Landwirt Köhler, H., Fleischer	Anders, A., Kasernenwärt. Dittmann, E., Landwirt Folger, B., Schleifer Köhler, H., Fleischer
3 - 4	Claus, W., Schlossermeister Kiwal, P., Tischler Witt, F., Schlosser	Claus, W., Schlossermeister Kiwal, P., Tischler Witt, F., Schlosser	Claus, W., Schlossermeister Witt, F., Schlosser	Claus, W., Schlossermeister Fischer, B., Elektotechn. Kiwal, P., Tischler	Claus, W., Schlossermeister Fischer, B., Elektotechn. Nimz, W., Müllermstr.
5 - 6	Scholtz, O. Ingen. Bongers, O. Ingen.	Böbel, M., Monteur Glowienke, P., Buchhalt.	(5) Böbel, M., Monteur (6) unbewohnt	(5) Böbel, M., Monteur Schilsky, E., Kraftw.-Führ. (6) Burmeister,H., Feldwebel Gebel, E. Unterfeldwebel	(5) Böbel, M., Monteur Schilsky, E., Kraftw.-Führ. (6) Burmeister,H., Feldwebel Gebel, E. Feldwebel
7 - 8	Feige, a., Photograph Otterheim, A,. Photograph Johnen, B. Monteur Schmidt, K., Monteur	unbewohnt	(7) unbewohnt (8) unbewohnt	(7) Mannheim, A., techn. Kfm. Peratoner, I., Dipl. Landw. Kfm. (8) Baron, I. Buchhalt. Konzack, B., Maler Lichtenheld, H., Steinsetz.	(7) Münch, G., Gärtner Peratoner, I., Dipl. Landw. Kfm. (8) Baron, I. Buchhalt. Konzack, B., Maler Lichtenheld, H., Steinsetz.
9 - 10	Hartwig, Grete, Gastw. Hartwig, W., Werkmstr.	Hartwig, Grete, Gastw. Hartwig, W., Werkmstr.	Platzek, Charlotte, Gastw.	Platzek, Charlotte, Gastw. Platzek, K., Schlosser	Braun, H., Unteroffiz. Hellwig, A., Monteur Ryllander, W., Feldw.
11 - 12	Barsch, H. Werkmstr. Eger, K., Pilot Wilhelm, A., Pol.Ob. Meister	Barsch, H. Werkmstr. Eger, K., Pilot Neumann, M., Kfm.	Barsch, H. Werkmstr. Eger, K., Pilot Neumann, M., Kfm.	Barsch, Cl.. Buchalt. Dittmar, W. Kfm. Neumann, M., Kfm.	Kehlnig, F., Reichsangestellter Neumann, M., Ingen. Warnick, H., Unteroffiz.
13 - 14 14 neu ab 1934: Nennhauser Damm 159	Anlauf, T., Monteur Schnell, P., Monteur Schulze, O., Monteur Wackrow, K., Tischler	v. Gee, E., Kunstmal. Schnell, P., Monteur Schulze, O., Monteur Wackrow, K., Tischler	(13) v. Gee, E., Kunstmal. Schnell, P., Monteur Schulze, O., Monteur Wackrow, K., Tischle	(13) Lohmeyer, B., Ob. Leutn. a. D. Meißner, G., Unterfeldweb. Braatz, W. Unteroffz. Seeger, F., Reichsangest.	(13) Lohmeyer, B., Ob. Leutn. a. D. Meißner, G., Unterfeldweb. Braatz, W. Unteroffz. Seeger, F., Reichsangest.

Adressbuch erstellt	1931	1932	1933	1934	1935
Adressbuch Ausgabe von	1932	1933	1934	1935	1936
15 - 16 neu ab 1933: Nennhauser Damm 161 - 163	Brandt, H., Bankbeamter Chudeck, C. Gärtner Gräßler, G., Bahnarb. Heller, P., Monteur	Chudeck, C., Gärtner Gräßer, G., Bahnarbeiter Heller, P., Monteur	(161) Chudeck, C., Gärtner Gräßer, G., Reichsbahn Bed (163) Heller, P., Monteur Sell, H. Automont.	(161) Chudeck, C., Gärtner Gräßer, G., Reichsbahn Bed. (163) Pimossky, E., Ww. Seidel, E., Kommorist.	(161) Chudeck, C., Gärtner Gräßer, G., Reichsbahn Bed. (163) Pimossky, E., Ww. Tornow, W., Bordfunker
17 - 18 neu ab 1934: Nennhauser Damm 165 - 167	Eschenauer, A., Dipl. Ing. Jacob, B., Lagerverwalt. Rohmann, E., Kfm. Welke, G., Schlosser	Eschenauer, A., Dipl. Ing. Jacob, B., Lagerverwalt. Rohmann, E., Kfm.	(165) Dinse, A. Ww. Jacob, M., Frau (167) Bennewitz, O., Architekt Wendt, E., Flugzeugmont.	(165) Dinse, A. Ww. (167) Bennewitz, O., Architekt Wendt, E., Flugzeugmont.	(165) Berlin, H., techn. Beamter Dinse, A. Ww. (167) Bennewitz, O., Architekt Wendt, E., Flugzeugmont.
19 - 20 neu ab 1934: Nennhauser Damm 169 - 171	Redding, R., Werkmstr. Schmidt, I., Technik.	Schmidt, I., Technik.	(169) Schmidt, I., Technik. (171) Redding, R., Werkmstr.	(169) Rudolph, K., Angest. (171) Köhne, G., Architekt Tews, P., Wachtm.	(169) Rudolph, K., San. Uffz. Feldw. (171) Gieseler, I., Inspek. i. R. Köhne, G., Architekt Kreutz, A., Motorschlosser
21 - 22 neu ab 1934: Nennhauser Damm 173 - 175	Pludra, R., Buchh.	Huhndorf, M., Schlosser Pludra, R., Buchh. Thoms, P., Monteur Wiedmann, F., Werkmstr.	(173) Thoms, P., Monteur (175) Huhndorf, M., Schlosser Pludra, R., Buchh.	(173) Gumprecht, E., Ww. (175) Bischer, G., Kfm. Rückert, O., Kantinenbes. Tschirch, A., Bäcker	(173) Stadtmüller, J., Brandmstr. V. Prinz, Kfm. (175) Rückert, O., Kantinenbes. Tschirch, A., Bäcker
23 - 24	Unbewohnt	Bereno, P., Flugzeugmechanik. Wilhelm, A., Beamt.	Thoms, P., Monteur Huhndorf, M., Schlosser Pludra, R., Buchh.	Kielblock, C., Kfm. Schweiger, F., Unteroffiz. Tümmel, W., Handl. Geh. Wilhelm, I., Ww. Wilhelm, R., Tischler	Kielblock, C., Kfm. Lawatschek, W., Unteroffiz. Tümmel, W., Handl. Geh. Wilhelm, I., Ww.
25 - 26	Fürtenau, R., Bäcker Lehmann, G., Kfm. Senftleben, W., Krafwagenführ. Werner, H., Monteur	Lehmann, G., Kfm. Senftleben, W., Kraftwagenführer Werner, H. Monteur	Thoms, P., Monteur Huhndorf, M., Schlosser Pludra, R., Buchh.	Hoppe, K., Mechanik. Lehmann, G., Kfm. Stahl, P., Beamt.	Hoppe, K., Mechanik. Lehmann, G., Kfm. Stahl, P., Beamt.
26 a					
27 - 28	v. Gee, Kunstmaler Kehl, H., Ingen.	Kehl, H., Ob. Ingen. Lietz, W., Motorenschlosser Weber, F., Schlosser	Kehl, H., Ob. Ingen. Lietz, W., Motorenschlosser Weber, F., Schlosser	Arlt, M. Technik. Böhm, H., Feldw. Herrmann, G., Feldwebel	Böhm, H., Versorg. Anwärt. Hoch, R., Amtsgeh. Klee, W., Versorg. Anwärt. Kochmann, O., San. Gruppenführer

Adressbuch erstellt	1931	1932	1933	1934	1935
Adressbuch Ausgabe von	**1932**	**1933**	**1934**	**1935**	**1936**
29 - 30	Drewsky, M., Flugzeugführer	Anlauf, P., Monteur Donner, W., Monteur Haenle, K., Dipl. Ing.	Anlauf, P., Monteur Haenle, K., Dipl. Ing. Hoppe, K. Mechanik.	Franz, K., Mechanik. Heuer, W., Postschaffn. Klessek, M., Kfm. Schulz, P., Gärtner	Franz, K., Mechanik. Klossek, M., Kfm. Schulz, P., Gärtner Weltzien, E., Unteroffz.
31 - 32	Bengsch, R., Werkmstr. Leutert, H., Ingen.	Bengsch, R., Werkmstr.	Bengsch, R., Werkmstr. Leutert, H., Ingen.	Kehl, H., Ob. Ing. Prinz, K., Lebensmitt.	Kehl, H., Ob. Ing. Prinz, K., Lebensmitt.
33 - 34	Borchert, M., Hausangest.	Drewsky, M., Flugzeugführer Hoppe, H., Pilot	Drewsky, M., Flugzeugführer Hoppe, H., Pilot	Glaser, B., Schriftstell. Kallweit, F., Steuersekr.	Beer, C., Hauptm. Kallweit, F., Steuersekr.
35 - 36	Müller, v. d. Heyde, W., Dipl.-Ingen. Prinz, K., Kfm.	Müller, v. d. Heyde, W., Dipl.-Ingen. Prinz, K., Kfm.	Prinz, K., Kfm.	Gentz, W., Bäcker Kühn, O., Küchenmstr.	Borgien, B. Installat. Goldschmidt, P., Wächter Gumprecht, E., Ww. Lampertius, O. Schlosser
37 - 38	Cranz, E., Kap. Ltn. a. D. Liebke, W., Kfm.	Cranz, E., Kap. Ltn. a. D. Mühle, O., Karosserieb. Wendt, E., Flugzeugmont.t	Cranz, E., Kap. Ltn. a. D. Mühle, O., Karosserieb.	Cranz, E., Kap. Ltn. a. D. Grünert, O., Büroangest. Kurtz, O., Feinmechanik. Rost, E., Kfm.	Cranz, E., Kap. Ltn. a. D. Grünert, O., Büroangest. Kurtz, O., Feinmechanik. Rost, E., Kfm.
38 a		unbewohnt	Spieß, W. Rittmeister i. R.	Spieß, W. Rittmeister i. R.	Spieß, W. Rittmeister i. R.
39 - 40	Eichinger, H., Kfm.	Beier, A., Kraftw. Führ. Eichinger, H., Kfm. Katzwedel, F., Tapez.	Beier, A., Kraftw. Führ. Eichinger, H., Kfm. Katzwedel, F., Tapez.	Berr, C., Flugleit. Eichinger, H., Kfm.	Eichinger, H., Kfm. Prange, F., Krafwführ.
41 - 42	Theile, M., verw. Pastor.	Bosse, F., Ingen. Martin, G., Kfm. Theile, M., verw. .Pastor	Bosse, F., Ingen. Martin, G., Kfm. Theile, I. u. M., Lehrerinn.	Bosse, F., Ingen. Schenk, G., Angest. Theile, I., Lehrerin.	Bosse, F., Ingen. Schenk, G., Feldw. Theile, I., Lehrerin.

Adressbuch erstellt	1936	1937	1938	1939	1940
Adressbuch Ausgabe von	1937	1938	1939	1940	1941
1 - 2	Anders, A., Kasernenwärt. Dittmann, E., Landwirt Folger, B., Schleifer Köhler, H., Fleischer	Anders, A., Kasernenwärt. Dittmann, E., Landwirt Folger, B., Schleifer Köhler, H., Fleischer	Anders, A., Kasernenwärt. Dittmann, E., Landwirt Folger, B., Schleifer Köhler, H., Fleischer	Anders, A., Arbtin. Dittmann, E., Wachm. Folger, B., Schleifer Köhler, H., Fleischer	Anders, A., Arbtin. Dittmann, E., Wachm. Folger, B., Schleifer Köhler, H., Fleischer
3 - 4	Claus, W., Schlossermeister Fischer, B., Elektotechn. Nimz, W., Müllermstr.	Nimz, W., Müllermstr. Weismahl, K. Kaufm.	Chlaus, W., Werkmstr. Kitscha, O., Gärtner Nimz, W., Müllermstr. Weismahl, K. Kaufm.	Claus, W., Ingen. Kitscha, O., Gärtner Nimz, W., Müllermstr. Weisenahl, K. kaufm. Angest.	Claus, W., Ingen. Kitscha, O., Gärtner Nimz, W., Müllermstr. Weisenahl, K. kaufm. Angest.
5 - 6	(5) Böbel, M., Monteur Schilsky, E., Kraftw.-Führ. (6) Burmeister,H., Feldwebel Gebel, E. Feldwebel	(5) Böbel, M., Werkmstr. Schilsky, E., Kraftw.-Führ. (6) Fischer, S., Reichsangest. Liepold, D., Wehrm.Angeh.	(5) Böbel, M., Werkmstr. Grimm, H., kaufm Angest. (6) Fischer, S., Reichsangest. Liepold, D., Unteroffz.	(5) Böbel, M., Werkmstr. Grimm, H., kaufm Angest. (6) Fischer, S., Reichsangest. Liepold, D., Unteroffz.	(5) Böbel, M., Werkmstr. Grimm, H., kaufm Angest. (6) Fischer, S., Lagerverw. Liepold, D., Ob. Feldw.
7 - 8	(7) Behring, W., Pol.Beamter Münch, G., Gärtner (8) Baron, I. Buchhalt. Mani, R., Verkäuf.	(7) Behring, W., Wachtmstr. d. Sch. Münch, G., Gärtner (8) Barohn, I. Buchhalt. Mosnie, R., Verkäuf.	(7) Behring, W., Bahnbeamt. (8) Baron, I. Buchhalt. Mosni, R., Verkäuf.	(7) Rading, G., Mauerer (8) Baron, I. Buchhalt. Mosni, R., Verkäuf.	(7) Prondzinski, F., Mechanik. Rüths, R., Ob. Tankwart (8) Baron, I. Buchhalt.
9 - 10	Braun, H., Versorg. Anwärt. Hellwig, A., Monteur	Hellwig, F., Glaser Nickel, W., Wehrm. Angeh. Seidel, H., Stadtinspekt. Wiche, G., Post Assist.	Hellwig, F., Glaser Nickel, W., Feldw. Wiche, G., Post Assist.	Hellwig, A., Elektromont. Nickel, W., Feldw. Weise, M., Ww. Wiche, G., Post Assist.	Hellwig, A., Elektromont. Nickel, W., Feldw. Weise, M., Ww. Wiche, G., Post Assist.
11 - 12	Dittmar, W., kaufm. Angest.	Heise, G., Feuerwehrm. Münch, W., Schlosser	Fricke, F., Schlosser Heise, G., Feuerwehrm. Münch, W., Angest. Seidel, H., Stadtinspekt.	Fricke, F., Monteur Heise, G., Feuerwehrm. Münch, W., Werkmstr. Seidel, H., Stadtinspekt.	Fricke, F., Monteur Heise, G., Feuerwehrm. Münch, W., Werkmstr. Seidel, H., Stadtinspekt.
13 - 14 **14 neu ab 1934:** **Nennhauser Damm 159**	(13) Lohmeyer, B., Ob. Leutn. a. D. Meißner, G., Unterfeldweb. (159) Braatz, W. Postanw. Seeger, F., Reichsangest.	(13) Lohmeyer, B., Rbhn. Beamt. Meißner, G.,Versorg. Anwärt. (159) Scholz, B., Mechaniker Seeger, F., Reichsangest.	(13) Lohmeyer, B., Oberltn. a. D. Meißner, G.,Versorg. Anwärt. (159) Scholz, B., Mechaniker Seeger, F., Reichsangest.	(13) Lohmeyer, B., Reichsangest. Richter, R., Tankwart (159) Scholz, B., Uhrm. Seeger, F., Reichsangest.	(13) Lohmeyer, B., Reichsangest. (159) Scholz, B., Uhrm. Seeger, F., Reichsangest.

Adressbuch erstellt	1936	1937	1938	1939	1940
Adressbuch Ausgabe von	1937	1938	1939	1940	1941
15 - 16 neu ab 1933: Nennhauser Damm 161 - 163	(161) Gräßer, G., Reichsbahn Bed. Herrenberg, E., Unteroffz. (163) Peratoner, de Bere, I., Angest.	(161) Chudeck, C., Gärtner Lendt, E., Flugzeugwart (163) Herrenberg, E., Unteroffz. Reischke, E., Angest.	(161) Chudeck, C., Gärtner Lendt, E., Flugzeugwart (163) Herrenberg, E., Feldwebel Zerbe, E. Uffz.	(161) Bendt, E., Flugzeugwart Chudeck, C., Gärtner (163) Brackmann, V., Feldw. Herrenberg, E., Feldwebel	(161) Bendt, F., Flugzeugwart Chubek, K. Gärtner (163) Brakmann, V., Feldw. Herrenberg, E., Feldw.
17 - 18 neu ab 1934: Nennhauser Damm 165 - 167	(165) Berlin, H., techn. Beamter Dinse, A. Ww. (167) Bennewitz, O., Architekt Wendt, E., Werkstattmstr.	(165) Berlin, H., techn. Beamter Rackowski, E., Fräser (167) Bennewitz, O., Architekt Grimm, H. Schreiber	(165) Böschly, SS-Mann Raykowski, E., Fräser (167) Bennowitz, O., Architekt Steinbacher, O., Versorg. Anwärt.	(165) Beschly, Reichsangestellter Raykowski, E., Fräser (167) Bennowitz, O., Architekt Steinbacher, O.,Feldw.	(165) Bechly, Reichsangest. Raykowsky, C., Fräser (167) Bennowitz, D., Architekt
19 - 20 neu ab 1934: Nennhauser Damm 169 - 171	(169) Rudolph, K., San. Uffz. Feldw. (171) Gieseler, I., Inspek. i. R. Köhne, G., Architekt	(169) Berger, O., Postschaffner (171) Dinse, A. Frau Gieseler, Angestellte	(169) Berger, O., Postschaff. (171) Dinse, A., Ww. Gieseler, M.,Stenotypistin	(169) Berger, O., Postschaff. Krüger, P., Angestellt. (171) Dinse, A., Ww. Gieseler, M.,Stenotypistin	(169) Berger, O., Postschaff. Krüger, P., Angestellt. (171) Dinse, A., Ww. Gieseler, M.,Stenotypistin
21 - 22 neu ab 1934: Nennhauser Damm 173 - 175	(173) Keise, G. Feuerwehrmann Stadtmüller, J., Brandmstr. Vischer, G., Kfm. (175) Berger, O., Postschaffner Tschirch, A., Bäcker	(173) Fischer, A., Büroangest. Stadtmüller, J., Brandmstr. (175) Hohmann, A., Wagenführer Tschirch, A., Bäcker	(173) Stadtmüller, I., Brandmstr. Vischer, G., Bankbeamt. (175) Glaue, B., Fleischermstr. Homann, A., Wagenführer	(173) Stadtmüller, I., Brandmstr. Vischer, G., Bankbeamt. (175) Glaue, B., Fleischermstr. Homann, A., Wagenführer	(173) Stadtmüller, I., Brandmstr. Vischer, G., Kfm. (175) Glaue, B., Fleischermstr. Homann, A., Kraftwführ.
23 - 24	Fellert, F., Angest. Kielblock, C., Kfm. Lawatschek, W., Unteroffiz. Tümmel, W., Handl. Geh.	Fellert, F., Angest. Kielblock, C., Kfm. Lawatschek, W., Unteroffiz. Tümmel, W., Handl. Geh.	Fellert, F., Portier Kielblock, C., Kfm. Lawatschek, W., Feldw. Tümmel, W., Handl. Geh.	Fellert, F., Portier Kielblock, K., Kfm. Lawatschek, W., Wehrm. Angeh. Tümmel, W., Handl. Geh.	Fellert, F., Portier Kielblock, K., Kfm. Lawatschek, W., Ob. Feldw. Tümmel, W., Handl. Geh.
25 - 26	Freese, H., Funkoffz. Hoppe, K., Mechanik. Schwinteck, K., Milit. Musik	Freese, H., Funkoffz. Hoppe, K., Mechanik. Schwinteck, K., Milit. Musik Stahl, P., Wehrm. Beamt.	Adermann, E., Unteroffizier Hoppe, K., Mechanik. Schwinteck, K., Milit. Musik	Adermann, E., Unteroffizier Hoppe, K., Mechanik. Schwinteck, K., Milit. Musik	Adermann, E., Feldw. Freese, H., Bordfunk. Hoppe, K., Mechanik.
26 a				(26 a) Prinz, Lebensm.	(26 a) Prinz, Lebensm.

Adressbuch erstellt	1936	1937	1938	1939	1940
Adressbuch Ausgabe von	1937	1938	1939	1940	1941
27 - 28	Böhm, H., Assist. Chudziak, H., Flugzeugfunk. Hoch, R., Amtsgeh. Mathy, G., Unteroffz.	Böhm, H., Sekret. Luftig, F., Reichsangest. Mally, G., Unteroffz. Schmidt, W. Glasbläser	Böhm, H., Inspekt. Luftig, F., Krafwführ. Mally, G., Unteroffz. Schmidt, W. Glasbläser	Böhm, H., Inspekt. Luftig, F., Tankmstr. Mally, G., Unteroffz. Schmidt, W. Glasbläser	Böhm, H., Verwalt. Sekr. Luftig, F., Tankmstr. Mally, G., Ob.Feldw. Schmidt, W. Glasbläser
29 - 30	Gnaß, W., Unteroffiz.	Franz, K., Mechanik. Gnaß, W., Unteroffiz. Scholz, L., Frau	Franz, K., Mechanik. Gnaß, W., Feldw. Kloßek, M., Angest. Schulz,P., Gärtner	Franz, K., Mechanik. Gnaß, W., Feldw. Kloßek, M., Angestellt. Schulz, P., Gärtner	Franz, K., Mechanik. Gnaß, W., Feldw. Kloßek, M., Angestellt. Schulz, P., Gärtner
31 - 32	Kehl, H., Ob. Ing. Prinz, K., Lebensmitt.	Kehl, H., Ob. Ing. Prinz, K., Lebensmitt.	Kehl, H., Ob. Ing. Prinz, K., Lebensmitt.	Prinz, K., Lebensmitt.	Prinz, K., Lebensmitt.
33 - 34	Beer, C., Hauptm. Kruschke, R., Unterfeldweb. Peters, M., Anleg.	Beer, C., Hauptm.	Arlt, E., Kraftwführ. Beer, C., Hauptm. Krusche, R., Ob. Feldw.	Arlt, E., Kraftwführ. Beer, C., Hauptm. Krusche, R., Ob. Feldw.	Hoppe, F., Büroangestellte Huverstuhl, W., Dipl. Kfm. Krusche, R., Musikleit. Schliack, Stenotypistin
35 - 36	Borgien, B. Installat. Goldschmidt, P., Arbeit. Lampertius, O. Schlosser Schober, O., Mechanik.	Borgien, B. Elektrotech. Goldschmidt, P., Hausmstr. Lampertius, O. Schlosser Schober, O., Mechanik.	Borgien, B. Elektrotech. Goldschmidt, P., Hausmstr. Schober, O., Pensionär Schulz, R., Reichsangest.	Borgien, B. Elektrotech. Schober, O., Pensionär	Borgien, B. Elektrotech. Donath, P., Amtsgeh. Schober, O., Mechanik. Schulze, A., Reichsangest.
37 - 38	Cranz, E., Kap. Ltn. a. D. Grünert, O., Versorg. Anwärt. Kurtz, O., Mechanik.. Mstr. Rost, E., Kfm.	Cranz, E., Kap. Ltn. a. D. Grünert, O., Versorg. Anwärt. Kurtz, O., Mechanik. Mstr.	Cranz, W., Major Grünert, O., Zahlmstr. Kurtz, O., Technik.	Aumann, A., Flieg. Obering. Kurtz, O., Mechan. Mstr. Pätzel, K., Feldw.	Aumann, A., Flieg. Obering. Kurtz, O., Mechan. Mstr. Pätzel, K., Wehrm.Angeh.
38 a	Spieß, W. Rittmeister i. R.	Spieß, W. Rittmeister a. D.	Spieß, W. Rittmeister a. D.	Spieß, W. Rittmeister a. D.	Spieß, W. Rittmeister a. D.
39 - 40	Eichinger, H., Kfm. Kruszynski, I., Hauptwachtmstr,	Eichinger, E., Frau Lindeman, I., Monteur Warrach, B., Elektrik.	Eichinger, H., Vertret. Lindeman, I., Monteur Warrach, B., Elektrik. Techn.	Eichinger, H., Kfm. Lindeman, I., Monteur Warrach, B., Elektrik. Techn.	Lindeman, I., Monteur Spielhagen, F. H., Sportplatzbau Warrach, B., Elektrik. Techn.
41 - 42	Bosse, F., Ingen. Schenk, G., Feldw. Theile, I., Lehrerin.	Bosse, F., Ingen. Schenk, G., Feldw. Theile, I., Lehrerin.	Schenk, G., Feldw. Theile, I., Lehrerin.	Bosse, F., Ingen. Schenk, G., Feldw. Theile, I., Lehrerin.	Bosse, F., Ingen. Schenk, G., Hauptfeldw. Theile, I., Lehrerin.

Adressbuch erstellt	1941	1942
Adressbuch Ausgabe von	1942	1943
1 - 2	Anders, A., Arbtin. Dittmann, E., Wachm. Folger, B., Schleifer Köhler, H., Fleischer	Anders, A., Arbtin. Dittmann, E., Wachm. Folger, B., Schleifer Köhler, H., Fleischer
3 - 4	Claus, W., Ingen. Kitscha, O., Gärtner Nimz, W., Müllermstr. Weisenahl, K. kaufm. Angest.	Claus, W., Ingen. Kitscha, O., Gärtner Nimz, W., Müllermstr. Weisenahl, K. kaufm. Angest.
5 - 6	(5) Böbel, M., Werkmstr. Grimm, H., kaufm Angest. (6) Fischer, S., Lagerverw. Liepold, D., Ob. Feldw.	(5) Böbel, M., Werkmstr. Grimm, H., kaufm Angest. (6) Fischer, S., Lagerverw. Liepold, D., Ob. Feldw.
7 - 8	(7) Prondzinski, F., Mechanik. Rüths, R., Ob. Tankwart (8) Baron, I. Buchhalt.	(7) Prondzinski, F., Mechanik. Rüths, R., Ob. Tankwart (8) Baron, I. Buchhalt.
9 - 10	Hellwig, A., Elektromont. Nickel, W., Feldw. Weise, M., Ww. Wiche, G., Post Assist.	Hellwig, A., Elektromont. Nickel, W., Feldw. Weise, M., Ww. Wiche, G., Post Assist.
11 - 12	Fricke, F., Monteur Heise, G., Feuerwehrm. Münch, W., Werkmstr. Seidel, H., Stadtinspekt.	Fricke, F., Monteur Heise, G., Feuerwehrm. Münch, W., Werkmstr. Seidel, H., Stadtinspekt.
13 - 14 14 neu ab 1934: Nennhauser Damm 159	(13) Lohmeyer, B., Reichsangest. (159) Scholz, B., Uhrm. Seeger, F., Reichsangest.	(13) Lohmeyer, B., Reichsangest. (159) Scholz, B., Uhrm. Seeger, F., Reichsangest.
15 - 16 neu ab 1933: Nennhauser Damm 161 - 163	(161) Bendt, F., Flugzeugwart Chubek, K. Gärtner (163) Brakmann, V., Feldw. Herrenberg, E., Feldw.	(161) Bendt, F., Flugzeugwart Chubek, K. Gärtner (163) Brakmann, V., Feldw. Herrenberg, E., Feldw.
17 - 18 neu ab 1934: Nennhauser Damm 165 - 167	(165) Bechly, Reichsangest. Raykowsky, C., Fräser (167) Bennowitz, D., Architekt	(165) Bechly, Reichsangest. Raykowsky, C., Fräser (167) Bennowitz, D., Architekt
19 - 20 neu ab 1934: Nennhauser Damm 169 - 171	(169) Berger, O., Postschaff. Krüger, P., Angestellt. (171) Dinse, A., Ww. Gieseler, M.,Stenotypistin	(169) Berger, O., Postschaff. Krüger, P., Angestellt. (171) Dinse, A., Ww.
21 - 22 neu ab 1934: Nennhauser Damm 173 - 175	(173) Stadtmüller, I., Brandmstr. Vischer, G., Kfm. (175) Glaue, B., Fleischermstr. Homann, A., Kraftwführ.	(173) Stadtmüller, I., Brandmstr. Vischer, G., Kfm. (175) Glaue, B., Fleischermstr. Homann, A., Kraftwführ.
23 - 24	Fellert, F., Portier Kielblock, K., Kfm. Lawatschek, W., Ob. Feldw. Tümmel, W., Handl. Geh.	Fellert, F., Portier Kielblock, K., Kfm. Lawatschek, W., Ob. Feldw. Tümmel, W., Handl. Geh.
25 - 26	Adermann, E., Feldw. Freese, H., Bordfunk. Hoppe, K., Mechanik.	Adermann, E., Feldw. Freese, H., Bordfunk. Hoppe, K., Mechanik.

Adressbuch erstellt	1941	1942
Adressbuch Ausgabe von	1942	1943
26 a	(26 a) Prinz, Lebensm.	(26 a) Prinz, Lebensm.
27 - 28	Böhm, H., Verwalt. Sekr. Luftig, F., Tankmstr. Mally, G., Ob.Feldw. Schmidt, W. Glasbläser	Böhm, H., Verwalt. Sekr. Luftig, F., Tankmstr. Mally, G., Ob.Feldw. Schmidt, W. Glasbläser
29 - 30	Franz, K., Mechanik. Gnaß, W., Feldw. Kloßek, M., Angestellt. Schulz, P., Gärtner	Franz, K., Mechanik. Gnaß, W., Feldw. Kloßek, M., Angestellt. Schulz, P., Gärtner
31 - 32	Prinz, K., Lebensmitt.	Prinz, K., Lebensmitt.
33 - 34	Hoppe, F., Büroangestellte Huverstuhl, W., Dipl. Kfm. Krusche, R., Musikleit. Schliack, Stenotypistin	Hoppe, F., Büroangestellte Huverstuhl, W., Dipl. Kfm. Krusche, R., Musikleit. Schliack, Stenotypistin
35 - 36	Borgien, B. Elektrotech. Donath, P., Amtsgeh. Schober, O., Mechanik. Schulze, A., Reichsangest.	Borgien, B. Elektrotech. Donath, P., Amtsgeh. Schober, O., Mechanik. Schulze, A., Reichsangest.
37 - 38	Aumann, A., Flieg. Obering. Kurtz, O., Mechan. Mstr. Pätzel, K., Wehrm.Angeh.	Aumann, A., Flieg. Obering. Kurtz, O., Mechan. Mstr. Pätzel, K., Wehrm.Angeh.
38 a	Spieß, W. Rittmeister a. D.	Spieß, W. Rittmeister a. D.
39 - 40	Lindeman, I., Monteur Spielhagen, F. H., Sportplatzbau Warrach, B., Elektrik. Techn.	Lindeman, I., Monteur Spielhagen, F. H., Sportplatzbau Warrach, B., Elektrik. Techn.
41 - 42	Bosse, F., Ingen. Schenk, G., Hauptfeldw. Theile, I., Lehrerin.	Bosse, F., Ingen. Schenk, G., Hauptfeldw. Theile, I., Lehrerin.